"Der Sieg von Bern"
V. Fußball - Weltmeisterschaft
1954

von
Joachim Schweer

mit einem Vorwort von Ludwig Maibohm
und Beiträgen von Mihaly Kozak

AGON®
Sportverlag

Inhaltsverzeichnis

Bei allen Abbildungen handelt es sich um heute kaum oder gar nicht mehr zu beschaffende Originalaufnahmen, deren hoher dokumentarischer Wert die teilweise reduzierte Wiedergabequalität ausgleichen dürfte.

Besonderer Dank gilt dem SPORT Zürich. Weiterhin haben das Munzinger-Sportarchiv, Willi Wolff (Köln), Jürgen Schultjan (Iserlohn), Mihaly Kozak (Budapest) und Alfred-Georg Frei (Singen) Material für dieses Buch zur Verfügung gestellt.

Bildquellen:

Schirner
AGON-Archiv
Archiv Monnereau, Lausanne
Bernardo Conti, Mailand
Mihaly Kozak, Budapest

Frankfurter Str. 92a
D-34121 Kassel

Printed in Germany
ISBN 3-928562-51-7

"Wenn auch die Jahre enteilen, bleibt die Erinnerung doch ...", heißt's in Paul Linckes Roman *Im Reiche des Indra.* Diese Erkenntnis ist auf viele Belange, Geschehnisse und Zeiterscheinungen zu transportieren. Auch auf sportlichem Sektor. Und damit auch auf den Fußball, dem Spiel der Welt, dessen Saatkorn von britischen Handelsclerks, Seefahrern, Studenten und Soldaten gelegt wurde (Der Ursprung des Fußballspiels ist geschichtlich allerdings nicht verbürgt. Fest steht nur, daß Engländer in allen Erdteilen auf diesem Planeten die Ur-Lehrmeister dieser Mannschafts-Ballspielart und des "modernen" Fußballs waren und sind).

Die Lederkugel fliegt heute mit immer größer werdender Resonanz um den Globus, von einst trostlosen Rändern der vorstädtischen Dorfanger in die großen steinernen Riesen-Mammut-Stadien. Heute umfaßt der Fußball-Weltverband, die 1904 gegründete *Fédération Internationale de Football Association*, die FIFA also, mehr Mitgliedstaaten als die UNO, ist eine der größten (und friedlichsten) Sport-Organisationen der Welt. Auch Deutschlands Fußball, seit dem 28. Januar 1900 in seinem alles einigenden DFB zusammengefaßt, gehört dazu. Und spielt seit diesem Zeitpunkt eine bedeutende Rolle.

Hier der Beweis: Seit 1934 im zweiten offiziellen Weltmeisterschaftsturnier, dessen Austragungs-Rhythmus sich seit seinem Start 1930 im südamerikanischen Montevideo alle vier Jahre wiederholt, sind die deutschen Aktiven dabei und erkämpften sich südlich der Alpen, in Italien, einen ehrenvollen dritten Platz hinter den Azzurris und den Tschechoslowaken. Es war Otto Nerz' erster großer internationaler Erfolg. Bei der zweiten Teilnahme 1938 in Frankreich gab es im Achtelfinale mit einer nicht harmonierenden und zusammenpassenden Kombination aus "alt"-deutschen und -infolge politischer Belange zu uns gestoßenen - österreichischen Aktiven gegen die Schweizer Equipe ein vorzeitiges Ausscheiden.

Den ersten Triumph, der Aufsehen und Bewunderung zugleich erregte, errangen Deutschlands Lederball- Akteure vor 40 Jahren in der Schweiz. Mit 3:2 schafften die - wie 1938 - von Sepp Herberger betreuten Auserwählten und unter der klugen Regie von Fritz Walter nach 0:2-Rückstand den Enderfolg über die ungarischen Ballkünstler. Das bedeutete seinerzeit eine Sensation. Denn die Puskas & Co. hatten zwölf Monate zuvor den heimischen Unbesiegbarkeits-Nimbus der englischen Fußball-Pioniere im Londoner Wembley-Stadion mit 6:3 Toren zerstört und galten auch bei der Titelentscheidung in Europas schönstem Land als aussichtsreichste Bewerber um die begehrte FIFA-Trophäe, den Coupe Jules Rimet.

Daß Deutschlands Fußballer 1954 überhaupt dabei sein konnten und sich in den Ausscheidungsspielen für die Final-Begegnungen zu qualifizieren vermochten, war dem nimmermüden und selbstlosen Einsatz der eidgenössischen Verbands-Offiziellen Ernst Thommen und Gustav Wiederkehr zu verdanken. Ich erlebte anläßlich der 1950er Weltmeisterschaft in Brasilien am grünen Verhandlungstisch im Ballsaal des Quitadina-Hotels, 65 Kilometer von Rio de Janeiro entfernt, die Bemühungen gerade dieser beiden Pioniere und Freunde, die infolge der kriegerischen Katastrophe und des Zusammenbruchs von 1945 aus dem FIFA-Bereich ausgeschlossenen Deutschen wieder aufzunehmen und zum internationalen Spielbetrieb zuzulassen.

Und ich war im gleichen Jahr Ohren- und Augenzeuge, als sich die gleichen Wegbereiter in einer denkwürdigen FIFA-Exekutiv-Sitzung im herbstlichen Brüssel abermals als unsere Fürsprecher darstellten - diesmal mit Erfolg. Als ich die teilweise Aufhebung des Boykotts dem von der Sitzung ausgeschlossenen DFB-Präsidenten Dr. Peco Bauwens übermittelte, hatte dieser Tränen der Rührung und Freude zugleich in den Augen.

Als unerfahrener Neuling war das damals geteilte Deutschland und damit seine Nationalelf wieder in die große Fußball-Familie der Welt zurückgekehrt. Wenn man sich den beispiellosen Aufstieg aus dem Nichts der Verbannung zur Spitze des internationalen Fußballs heute vor Augen führt und in die Erinnerung zurückruft, kommt man mit Recht aus dem Staunen nicht heraus. Man vergißt gar zu schnell, daß jene Tage, da wir überhaupt wieder schüchtern hofften, bald wieder Länderspiele erleben zu können, erst drei Jahre nach der versöhnungsstiftenden Mission einzelner offizieller Verbands-Delegierter erfolgten. Man vergißt, daß Herberger damals - 1949 beim ersten Lehrgang nach dem Krieg - erklärte, fünf Jahre zu benötigen, bis eine "normale" Nationalmannschaft herangereift sein könnte. Er schaffte das in dem angegebenen kurzen Zeitraum, obwohl es damals noch nicht die langen Vorbereitungs-Lehrgänge gab und von den eingeladenen Akteuren viel Idealismus und Bereitschaft aufgebracht werden mußte. Und das bei nur - im Vergleich zur heutigen inflationären Gagen-Entwicklung in fast allen Spielklassen - geringen, verbandsmäßig kontrollierten Spesen-'Trinkgeldern". Temporae mutandis ...

Inzwischen hat es weitere Glanzlichter in der deutschen Fußball-Geschichte gegeben: 1974 wurden die deutschen Aktiven - damals unter "Stabführung" von Hemut Schön - im eigenen Land zum zweiten Mal Weltmeister, 16 Jahre darauf abermals. 1990 war Franz Beckenbauer der verantwortliche Coach. Jetzt rüstet Berti Vogts als sechster Bundestrainer nach den unvergessenen Otto Nerz und Sepp Herberger, Helmut Schön, Jupp Derwall und Franz Beckenbauer zum (möglichen) vierten deutschen Gewinn eines Coupe Jules Rimet. Diesmal auf amerikanischem Terrain, wo Soccer - also Fußball made in USA - in der Popularität allerdings nur "unter ferner liefen" rangiert und die Saat der Briten nur kärgliche Früchte hervorgebracht hat .

Ludwig Maibohm

(Ludwig Maibohm)

Der "Coupe Jules Rimet", so benannt nach dem langjährigen FIFA-Präsidenten aus Frankreich. Er leitete von 1920 bis 1954 den Verband und wurde 1954 zu dessen Ehrenpräsidenten ernannt.

Existiert die Bundesrepublik erst seit Bern?

"**N**eben dem Fall der Mauer hat wohl nur ein einziges Ereignis der deutschen Nachkriegsgeschichte wahrhaft nationalen Überschwang ausgelöst: Der Gewinn der Fußballweltmeisterschaft in Bern am 4. Juli 1954!" - diese Worte schrieb der *SPIEGEL* 40 Jahre nach der Sensation von Bern, wohlwissend um die Tragweite des deutschen WM-Triumphes von 1954. Bei einer Einordnung dieses Schlüsselereignisses in geschichtliche Zusammenhänge fällt häufig das Wort vom wiedererwachten deutschen Nationalbewußtsein neun Jahre nach der Kapitulation im 2. Weltkrieg, von der symbolischen (weil verspäteten) Erringung des "Endsieges" - getreu dem Motto "Wir sind doch die Größten".

Das deutsche Volk identifizierte sich mit den "Helden von Bern" und feierte sie mit einer Begeisterung, wie man sie nie zuvor gesehen hatte, unter den Leuten herrschte erstmals

Deutschland hat wieder Helden. Horst Eckel grüßt die Menge vom Balkon des Berliner Rathauses.

nach langer Zeit große Übereinstimmung. Der einfache Mann von der Straße, der ganz normale Fußballfan fühlte sich von Fritz Walter & Co. vertreten - Bescheidenheit, Einsatzwille und Aufrichtigkeit waren Tugenden, die einfach die Zustimmung der großen Masse des Volkes finden mußten. Das Wort "Mustermänner" machte die Runde. "Was den deutschen Soldaten im Zweiten Weltkrieg, die sich in den Augen der Bevölkerung durch ähnliche Qualitäten ausgezeichnet hatten, verwehrt geblieben war - der gerechte Lohn für Opfermut, Mannschaftsgeist und Bescheidenheit - holen sie nach", schrieb der Historiker Dirk Schindelbeck in seinem Aufsatz *Weltmeister und Werbeträger.* In Bern hatten Menschen wie "Du und ich" gesiegt - unter diesem Aspekt betrachtet, besaßen die deutschen WM-Triumphe von 1974 und 1990 einen ganz anderen, niedrigeren Stellenwert, weil dort eben nicht normale Bürger, sondern teils millionenschwere Kicker gesiegt hatten, die nun fast gar nichts mehr mit dem einfachen Menschen auf der Straße gemein hatten. "Vor allen Dingen war man stolz, daß man so kurz nach'm Krieg etwas geleistet hat", wurde ein Arbeiter in einem Beitrag zu dem Buch *Fuffziger Jahre* zitiert.

Und der Stolz jedes Einzelnen auf die elf Weltmeister machte eine ganze Nation stolz, vermittelte ihr das Gefühl, anerkannt zu werden. "Wir sind wieder wer!", titelte eine große Boulevardzeitung und sprach damit vielen Bundesbürgern aus der Seele. Die gedemütigte Nation der Kriegsverlierer holte einen der prestigeträchtigsten Titel im Weltsport, die "Aschenbrödel-Nation" (Daily Mail) gewann durch diesen Erfolg einen Teil ihrer verlorengegangenen internationalen Anerkennung und Würde zurück. Der Triumph von Bern war jedoch nur einer von mehreren wichtigen Schritten zur Rückkehr in die Völkergemeinschaft, wenn auch der für die große Masse der Bevölkerung vielleicht greifbarste. Der Bonner Politologe Norbert Seitz sprach von einer "ereignishistorischen Trias", die großen Anteil an der bundesrepublikanischen Identitätsfindung hatte. Er meinte damit den Volksaufstand ("der rebellischen Arbeiter") in Ostdeutschland vom 17. Juni 1953, den WM-Triumph von Bern ("der braven und sauberen Kämpen") und schließlich Adenauers Besuch in Moskau im Sommer 1955, als er die Rückkehr der letzten deutschen Kriegsgefangenen ("der geschundenen Kriegsheimkehrer") in die Heimat durchsetzte. Der Kampf des einfachen Menschen ermöglichte Deutschlands Entwicklung zum weltpolitischen Stehaufmännchen.

Vom "Wirtschaftswunder" zum "Fußballwunder"

Natürlich registrierte auch das Ausland die Geschehnisse in der Bundesrepublik, speziell die Reaktionen auf das "Wunder von Bern", mit großem Interesse. "Aufmerksame ausländische Beobachter nahmen allerdings seit 1952 in Westdeutschland etwas wahr, das jetzt, 1954, unverhohlen vor aller Welt zum Ausdruck gebracht wurde: Ein neudeutsches Selbstbewußtsein aufgrund von Spitzenleistungen in Friedensqualität!", schrieb Dirk Schindelbeck, der sich an der Universität Freiburg mit Propagandageschichte auseinandersetzt. Der Begriff "Spitzenleistung" bedeutete im Nachkriegsdeutschland vor allem eines - das "Wirtschaftswunder". Die französische Sportzeitung *L'Equipe* meinte dazu: "Die deutsche Wiedergeburt auf wirtschaftlichem Gebiet drückt sich nun auch im Fußballerischen aus." Die enge Beziehung zwischen "Wirtschaftswunder" und sportlichem Erfolg war offensichtlich, beide Male kamen typisch deutsche Tugenden zum Ausdruck. Ebenso wie sich die deutsche Bevölkerung durch Fleiß und Strebsamkeit den Weg zum Wohstand bahnte, so gelangten Sepp Herbergers "elf Freunde" weniger durch Eleganz als vielmehr durch harte Arbeit auf dem Spielfeld und Disziplin zum Ziel. "Die Fußballweltmeister 1954 wurden zu Pionieren des 'Wirtschaftswunders' gemacht. Sie erarbeiteten sich unter harten Voraussetzungen und einfachen Bedingungen den 'Sieg'. Betont wird immer ihr 'Mannschaftsgeist'. Sie standen für die verzögerte Gratifikation, die verspätete Belohnung - genau wie es den abhängig Beschäftigten in den 50er Jahren auch erging: Mit den Fußballweltmeistern hatten die Beispiele dafür vor Augen, wie gut es ist, lange für den Erfolg auszuharren", schrieb der Singener Alfred Georg Frei, im Juni 1993 Mitveranstalter eines Symposiums mit dem Thema "Die Fußballweltmeisterschaft 1954 und die fünfziger Jahre".

Bierbank-Evangelium übelster Deutschtümelei

"**E**ine Nation schien sich 1954 reinzuwaschen durch das Vorzeigen von grundanständigen und politisch unauffälligen Kickern, die nur 'ihr Bestes geben' wollten und sich artig daran hielten, daß der Bessere gewinnen möge und Fehlentscheidungen des Schiedsrichters unwidersprochen hinzunehmen seien", bemerkte Norbert Seitz zum Auftreten der deutschen Elf. So zielsicher die "Helden von Bern" auf dem Fußballfeld ins Schwarze trafen, so zielsicher trat DFB-Präsident Dr. Peco Bauwens in ein Fettnäpfchen nach dem anderen. Auf den verschiedenen Stationen des Triumphzuges der deutschen Elf (von Spiez nach München) gebrauchte er mit schöner Regelmäßigkeit Worte aus dem Sprachgebrauch der Nationalsozialisten. "Mit der deutschen Fahne im Herzen" habe man sich auf den Gegner gestürzt, "Schlacken auf dem Sport und dem deutschen Volk" könne es

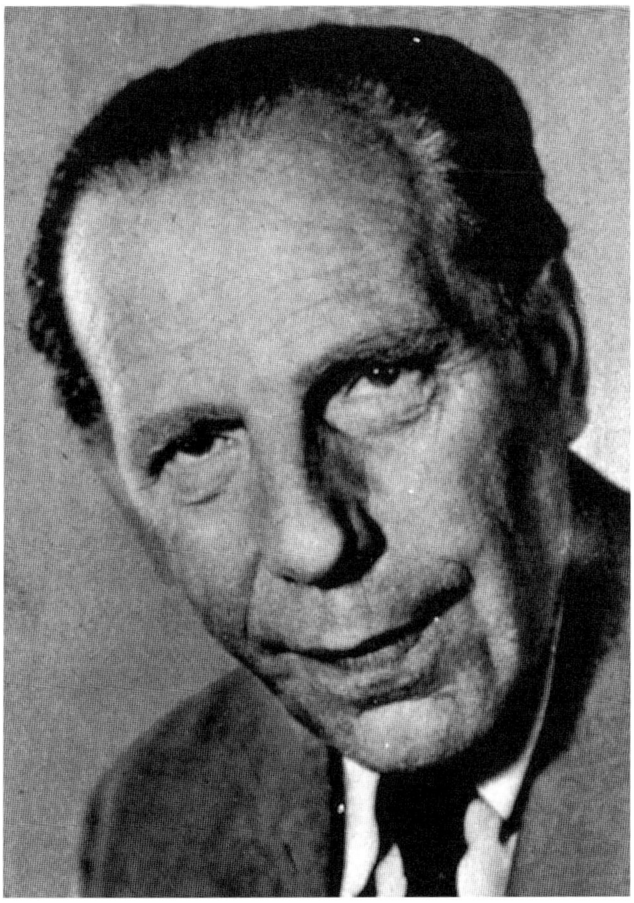

Peco Bauwens, Bauunternehmer aus Köln und DFB-Präsident von 1949 bis 1962.

nicht mehr geben, und als Bauwens dann noch auf das "Führerprinzip" zu sprechen kam, war die Radioübertragung seiner - wahrscheinlich ungewollt - von Revanchismus gekennzeichneten Stammtischgedanken plötzlich beendet. Die Bauwens-Laudatio im Münchner Löwenbräu wurde "zu einem in der Nachkriegsgeschichte einzigartigen Bierbank-Evangelium übelster Deutschtümelei" *(Dirk Schindelbeck)* und wurde vom Ausland als ein weiteres Indiz für den wieder aufflackernden deutschen Nationalismus angesehen. Schon bei der Siegerehrung im Berner Wankdorfstadion hatte es einen Eklat gegen - die erste Strophe des Deutschlandliedes wurde gespielt und von vielen Zuschauern mitgesungen. "Achtung! Achtung! Die Zehntausende von Deutschen erstarren. Die Aufschreie enden. Die Musik intoniert Deutschland, Deutschland, über alles. Die Menge singt mit. Die Erde zittert ... Jung, fest, begeistert singen die Deutschen, machtvoll, auf daß es die ganze Welt höre und wisse, daß Deutschland wieder einmal über alles erhaben ist. Nun fröstelt mich mehr und mehr, und ich sage mir: Achtung! Achtung!" - diese Gefühlsbeschreibungen eines Reporters der französischen Tageszeitung *Le Monde* sprachen Bände.

Und wie reagierten die deutschen Politiker auf die - wenn auch wenigen - aus politischer Sicht unliebsamen Begleiterscheinungen des WM-Triumphes der Herberger-Kicker. Zuerst einmal hatten sie es natürlich nicht leicht, in einer derart unerwarteten Situation diplomatisch geschickt zu reagieren. Norbert Seitz drückte das in der Fußballsprache aus: "1954 wurde die deutsche Politik vom erfolgreichen Fußball kalt erwischt. Sie reagierte im Stile eines Fußballtorwarts, der bei der Elfmeterprüfung forsch in die falsche Ecke hechtet, aber das unverschämte Glück hat, den Ball mehr aus Zufall denn aus Reaktionsschnelligkeit noch mit der Fußspitze zu erwischen." Das Innenministerium kommentierte Bauwens' undiplomatische Äußerungen wie folgt: "Man darf die politischen Äußerungen des Herrn Bauwens nicht ernster nehmen als Äußerungen des Bundeskanzlers über die Technik des Fußballspielens." Bundespräsident Theodor Heuss fügte bei der Überreichung des Silbernen Lorbeerblatts an die Berner Weltmeister hinzu: "Der gute Bauwens, der meint offenbar, gutes Kicken sei schon gute Politik. Und ich habe auch gelesen, Turek, sei ein Fußballgott. Ich glaube, er ist ein guter, zuverlässiger Spieler und soll das auch bleiben." Damit hatte sich die Politik zwar nicht schlecht aus der Affäre gezogen, doch wurde es allgemein unterlassen, sich kritisch mit Vertretern der Bauwens'schen Denkweise auseinanderzusetzen. Zu sehr überwog die Freude der Bevölkerung über das "Wirtschaftwunder" und das "Wunder von Bern". Der Kulturhistoriker Hermann Glaser vermißte von der "im Wirtschaftswunderrausch gedanken- und geschichts-los werdenden Gesellschaft" die Fähigkeit zu trauern und monierte, daß nach dem Gewinn des WM-Titels "ihrem Geltungsanspruch keine Grenzen mehr gesetzt" waren.

Die Bundesrepublik feiert zwar erst 1999 ihren 50. Geburtstag, doch es gibt nicht wenige Menschen, die nur fünf Jahre zuvor ihren "vierzigsten" festgestellt haben wollen. Und um beim Fünf-Jahres-Rhythmus zu bleiben: 1989 geschah die Wende in der früheren DDR, deren Karl Marx einst eine These formulierte, die auch auf die Frage, ob die Bundesrepublik erst seit Bern existiere, anzuwenden ist. "Das Sein bestimmt das Bewußtsein" - dem bleibt nichts hinzuzufügen.

Meinungen

"Als am 4. Juli 1954 Deutschland Fußball-Weltmeister wurde, gerieten deutsche Gemüter millionenfach in Ekstase, als wenn die Scharte des 8. Mai 1945 doch ausgewetzt worden sei." *(Norbert Seitz, Autor des Buches "Bananenrepublik und Gurkentruppe. Die nahtlose Übereinstimmung von Fußball und Politik 1954-1987")*

"Die politische Gesichte des bundesdeutschen Fußballs beginnt in Bern. In den sauberen und braven Kämpen um Fritz Walter sah sich eine ganze Nation als weltgeschichtliches Stehaufmännchen." *(Norbert Seitz).*

"Milch, Maggi und Motorroller - auf den ersten Blick wirken die Belohnungen für die legendären Fußballweltmeister 1954 sehr spärlich. Wenn es heute um Mercedes und Millionen geht, so markiert dies einen Wandel der gesellschaftlichen Leitbilder. Mit Kronleuchtern und Kühlschränken wurden die 'Fußballkameraden' von 1954 zu Pionieren." *(Alfred Georg Frei, Autor des Buches "Finale Grande. Die Rückkehr der Fußballweltmeister von 1954").*

Die "Piloten" großer deutscher Sporterfolge. Als Sepp Herbergers Schützlinge in Bern den WM-Titel holten, führte Juan Manuel Fangio die Silberpfeile von Mercedes-Benz zum ersten Triumph nach dem Kriege

"Daß aber die EVG-Verhandlungen in jenen Wochen endgültig scheiterten, daß NATO-Mitgliedschaft und staatliche Souveränität der Bundesrepublik zunehmend konkrete Konturen annahmen, verdankt sich auch einem gerade in diesen Wochen vehement gesteigerten westdeutschen Selbstwertgefühl: in diesem mentalitätsgeschichtlich verstandenen Sinne ist der Gewinn der Weltmeisterschaft 1954 die vorweggenommene Souveränität der Bundesrepublik." *(Bundeszentrale für politische Bildung, Bonn; 1985)*

"Man sagt uns Deutschen gerne nach, daß wir nicht Maß halten könnten. tatsächlich neigen wir dazu, einen einmal errungenen Erfolg in seiner Bedeutung zu überschätzen. Darum ist es angebracht, anläßlich des hervorragenden Abschneidens unserer Fußballer bei der Weltmeisterschaft in der Schweiz einige ernste, warnende Worte zu sagen. Wir müssen uns davor hüten, die Bedeutung der weltmeisterschaft zu überschätzen. Der Sport ist zwar eine schöne, wunderbare Sache, aber er spielt im menschlichen Leben nur eine untergeordnete Rolle. Eine Goldene Medaille beim Championat du Monde kann nicht gleichgesetzt werden mit dem Friedensnobelpreis, den ein Politiker erhält, einem Doktorhut, Nobel- oder Goethepreis für Wissenschaftler und Künstler, einem Oscar für Schauspieler. Diese Binsenweisheiten auszusprechen, drängt sich uns im Jubel der Begeisterung über das fabelhafte Abschneiden der deutschen Fußball-Nationalmannschaft auf. Hüten wir uns davor, daß der Becher der Freude bei unseren Fußball-Anhängern überschäumt..." *(Internationale Sport-Korrespondenz, Stuttgart; Juli 1954)*

Und eine Fehleinschätzung

"Den Sieg der westdeutschen Fußballmannschaft benutzte man, um vor aller Welt die wahren Absichten offen auszudrücken. Diese Absichten gipfeln in einem neuen imperialistischen Raubkrieg, der natürlich mit keinem anderen Ergebnis enden würde als die beiden vorangegangenen. Der Fußballsieg soll die chauvinistische Position stärken, soll helfen, Adenauers Pläne schneller und auffälliger zu realisieren." *(Neues Deutschland; 8. Juli 1954)*

Der Titelverteidiger von 1950 war automatisch qualifiziert.
Uruguays Kader für die Weltmeisterschaft. Sitzend (v. l.): Souto, Ambrois, Borges, Miguez, Leopardi, Martinez, Santamaria, Maceiras, Abadie, Perez. Stehend (v.l.): Vasquez, Cruz, Mendez, Varela, Tejera, Rodriguez, Carballo, Hohberg, Lopez, Kirchberg, Abate, Castro, Daboine, Rivera.

Die Qualifikation zur Fußball-Weltmeisterschaft

Für die Titelkämpfe in der Schweiz waren zwei Mannschaften direkt qualifiziert: Die Auswahl des Gastgeberlandes sowie der Titelverteidiger aus Uruguay. Um die verbleibenden 14 freien Plätze kämpften 36 Mannschaften in 13 Gruppen, die bei der Versammlung des WM-Organisationskomitees der FIFA am 14. und 15. Februar 1953 im schweizerischen Crans eingeteilt wurden. Sieben Verbände hatten zu spät gemeldet und wurden bei der Gruppeneinteilung nicht berücksichtigt: Indien, Peru, Vietnam, Boliven, Costa Rica, Cuba und Island. Paraguays ebenfalls unpünktlich eingetroffene Meldung wurde nur deswegen angenommen, weil die Schuld für die späte Ankunft eindeutig auf Seiten der Post lag. Als Zugeständnis an den britischen Fußball durften aus der Gruppe 3, in der vier Teams von der Insel um die britische Ländermeisterschaft spielten, die beiden ersten zu den Titelkämpfen reisen.

"**I**ch möchte wetten, daß wir mit dem Saarland in eine Gruppe kommen", meinte Fritz Walter vor der Auslosung zu Bundestrainer Sepp Herberger. Der Kapitän der deutschen Nationalelf hätte die Wette gewonnen. Für das

Gruppe 1:

24.06.1953	Oslo	Norwegen - Saar	2:3 (2:2)
19.08.1953	Oslo	Norwegen - Deutschland **Deutschland:** Turek; Retter, Kohlmeyer; Eckel, Posipal, Schanko; Rahn,Morlock, F. Walter (1), O. Walter, Schäfer (Pfaff).	1:1 (1:1)
11.10.1953	Stuttgart	Deutschland - Saar **Deutschland:** Turek; Retter, Erhardt; Mai, Posipal, Gottinger (Eckel);Rahn, Morlock (2), Schade (1), Metzner, Schäfer.	3:0 (1:0)
08.11.1953	Saarbrücken	Saar - Norwegen	0:0
22.11.1953	Hamburg	Deutschland - Norwegen **Deutschland:** Turek; Retter, Kohlmeyer; Eckel, Mai, Posipal; Rahn (1),Morlock (2),O.Walter (1), F. Walter (1), Herrmann.	5:1 (1:1)
28.03.1954	Saarbrücken	Saar - Deutschland **Deutschland:** Turek; Retter, Kohlmeyer; Posipal, Liebrich, Schanko;Rahn, Morlock (2), F. Walter (O. Walter) , Röhrig, Schäfer (1).	1:3 (0:1)

1. Deutschland	4 Spiele	3	1	0	7:1 Punkte	12:3 Tore
2. Saar	4 Spiele	1	1	2	3:5 Punkte	4:8 Tore
3. Norwegen	4 Spiele	0	2	2	2:6 Punkte	4:9 Tore

DFB-Team schienen die Saar und Norwegen auf den ersten Blick einfache Gegner zu sein, alles andere als der Gruppensieg und damit die WM-Qualifikation wäre eine Katastrophe gewesen. Nach den ersten beiden Gruppenspielen sah die Situation jedoch anders aus: Die vom späteren Bundestrainer Helmut Schön trainierte Auswahl der Saar rangierte vor dem übermächtigen Nachbarn, der sich beim Remis im Osloer Ulleval-Stadion nicht gerade mit Ruhm bekleckert hatte. Fünf Monate ohne Länderspiel, dazu die kurz zuvor beendete Sommerpause - gegen die Norweger, die mitten in der Saison standen, waren das keine günstigen Voraussetzungen für einen guten Start in die Qualifikationsrunde. Bemerkenswert, daß in der Elf von Oslo immerhin acht Akteure standen, die am 4. Juli 1954 das "Wunder von Bern" vollbringen sollten.

Gruppe 2:

25.05.1953	Helsinki	Finnland- Belgien	2:4 (0:3)
28.05.1953	Stockholm	Schweden - Belgien	2:3 (2:3)
05.08.1953	Helsinki	Finnland - Schweden	3:3 (0:2)
16.08.1953	Stockholm	Schweden - Finnland	4:0 (2:0)
23.09.1953	Brüssel	Belgien - Finnland	2:2 (1:0)
08.10.1953	Brüssel	Belgien - Schweden	2:0 (1:0)

1. Belgien	4 Spiele	3	1	0	7:1 Punkte	11:6 Tore
2. Schweden	4 Spiele	1	1	2	3:5 Punkte	9:8 Tore
3. Finnland	4 Spiele	0	2	2	2:6 Punkte	7:13 Tore

Belgiens Elf, hier vor dem WM-Auftakt gegen England. Von links: Mermans, Anoul, Carré, Dries, Mees, Gernaey, H. van den Bosch, van Brandt, Huysmans und P. van den Bosch.

Knapp acht Wochen später wurden die Kräfteverhältnisse im Stuttgarter Neckarstadion wieder zurechtgerückt. Die Vereinself des 1. FC Saarbrücken - nur durch einen Spieler vom Ortsrivalen Saar 05 verstärkt - leistete jedoch stärkeren Widerstand, als es das Ergebnis auf den ersten Blick ausdrückt. "Kein Grund zum Optimismus", schrieben die Kritiker nach dem wenig überzeugenden 3:0. Beim souveränen Sieg über die Norweger vor 75.000 Zuschauern im Hamburger Volksparkstadion präsentierte sich dann eine weitaus geschlossener auftretende DFB-Auswahl, in der Fritz Walter zu seinem 25. Länderspieltor kam. Nach dieser wichtigen Weichenstellung in Richtung WM-Teilnahme dachte Sepp Herberger bereits weiter und ließ in Spiez am Thuner See das Hotel Belvédère für den DFB-Troß reservieren. Der abschließende 3:1-Sieg über die Saar - auch ein Unentschieden hätte zur Qualifikation gereicht - war schließlich kaum mehr als eine Pflichtübung.

Rein von der Papierform her schienen die Schweden, immerhin WM-Dritter von 1950 und Bronzemedaillengewinner bei den Olympischen Spielen 1952, vor einer leichten Aufgabe zu stehen. Doch die Vorzeichen hatten sich zu Beginn der 50er Jahre geändert: Zahlreiche Spitzenkönner des schwedischen Fußballs waren dem Lockruf des Geldes gefolgt und nach Italien oder Frankreich abgewandert. Die Lücken, die Spieler wie Nordahl, Gren oder Liedholm hinterlassen hatten, konnten nicht so ohne weiteres geschlossen werden. Gleich beim ersten Auftritt wurden die Schweden unsanft aus ihren WM-Träumen gerissen: Die Belgier machten binnen 20 Minuten aus einem 0:2-Rückstand eine 3:2-Führung , die sie über die Zeit retteten und damit 4:0 Punkte auf ihrer Skandinavien-Reise verbuchten. Nach dem überraschenden Punktverlust im Olympiastadion von Helsinki stand das Drei-Kronen-Team bereits mit dem Rücken zur Wand, lediglich Finnlands Remis in Belgien ließ den Schweden noch ein Fünkchen Hoffnung im Kampf um das WM-Ticket. Ein Sieg in Brüssel hätte her gemußt, doch die skandinavischen Amateure waren einfach zu schwach, um den Belgiern Paroli zu bieten.

Gruppe 3:

03.10.1953	Belfast	Nordirland - Schottland	1:3 (0:0)
10.10.1953	Cardiff	Wales - England	1:4 (1:1)
04.11.1953	Glasgow	Schottland - Wales	3:3 (2:0)
11.11.1953	Liverpool	England - Nordirland	3:1 (1:0)
31.03.1954	Wrexham	Wales - Nordirland	1:2 (0:1)
03.04.1954	Glasgow	Schottland - England	2:4 (1:1)

1. England	3 Spiele	3	0	0	6:0 Punkte	11:4 Tore
2. Schottland	3 Spiele	1	1	1	3:3 Punkte	8:8 Tore
3. Nordirland	3 Spiele	1	0	2	2:4 Punkte	4:7 Tore
4. Wales	3 Spiele	0	1	2	1:5 Punkte	5:9 Tore

Englands Nationalmannschaft. Von links: Wright, Merrick, Staniforth, Matthews, Dickinson, Finney, McGarry, Wilshaw, Broadis, Lofthouse, Byrne.

Schottlands WM-Team. Von links: Cunningham, Martin, Aird, Cowie, McKenzie, Davidson, Brown, Ormond, Fernie, Mochan, T. Docherty.

Der britische Fußball nahm in dieser WM-Ausscheidung eine Sonderrolle ein - zu unrecht, wie sich später herausstellte. Zwei der vier teilnehmenden Teams qualifizierten sich für die Titelkämpfe in der Schweiz, wo der Fußball von der Insel Schiffbruch erleiden sollte. Auch der Spielmodus dieser Gruppe wich von dem der übrigen Gruppen ab, denn es wurde nur eine Runde ausgetragen. Während England und Nordirland zweimal auswärts antreten mußten, genossen Schotten und Waliser zweimal Heimrecht. Allerdings bewiesen die Resultate, daß von einem Heimvorteil nicht die Rede sein konnte: Einem Sieg der Gastgeber standen insgesamt vier Gästesiege gegenüber. Das letzte Aufeinandertreffen fand vor 134.000 Zuschauern im Hampden Park von Glasgow statt, war aber für die Vergabe der WM-Tickets nicht mehr von Bedeutung. Da Wales drei Tage zuvor sein Heimspiel gegen Nordirland verloren hatte, stand der schottischen WM-Teilnahme auch im Falle einer Niederlage gegen England nichts mehr im Wege.

Gruppe 4:

20.09.1953	Luxemburg	Luxemburg - Frankreich	1:6 (1:4)
04.10.1953	Dublin	Irland - Frankreich	3:5 (0:2)
28.10.1953	Dublin	Irland - Luxemburg	4:0 (1:0)
25.11.1953	Paris	Frankreich - Irland	1:0 (0:0)
17.12.1953	Paris	Frankreich - Luxemburg	8:0 (0:0)
07.03.1954	Luxemburg	Luxemburg - Irland	0:1 (0:0)

1. Frankreich	4 Spiele	4	0	0	8:0 Punkte	20:4 Tore
2. Irland	4 Spiele	2	0	2	4:4 Punkte	8:6 Tore
3. Luxemburg	4 Spiele	0	0	4	0:8 Punkte	1:19 Tore

Der erste Eindruck täuscht : Frankreichs Nationalelf war bei weitem nicht so stark, wie es die imponierende Bilanz der Qualifikationsspiele aussagt. Gegen den "Fußball-Zwerg" Luxemburg und die biederen Iren wurde die "Equipe Tricolore" nicht gefordert, die 2:4-Testspielniederlage im November 1953 in Paris gegen die Schweizer war da schon aussagekräftiger. Überzeugend war allein das 8:0 gegen Luxemburg, wo die Franzosen ausschließlich Nachwuchsspielern eine Chance gaben, die letztere auch nutzten.

Gruppe 5:

27.09.1953	Wien	Österreich - Portugal	9:1 (4:1)
29.11.1953	Lissabon	Portugal - Österreich	0:0

1. Österreich	2 Spiele	1	1	0	3:1 Punkte	9:1 Tore
2. Portugal	2 Spiele	0	1	1	1:3 Punkte	1:9 Tore

Für die Portugiesen kam der Termin des ersten Aufeinandertreffens mit Österreich völlig ungelegen, denn die Partie wurde mehrere Wochen vor Saisonbeginn ausgetragen. Der schlechte Trainingszustand machte sich im Wiener Praterstadion deutlich bemerkbar: Österreich spielte mit dem Gegner Katz und Maus. Herausragend auf Seiten der Siegerelf war Innenstürmer Probst, der gleich fünfmal erfolgreich war. Das Rückspiel brachte statt einer Torflut eine "Nulldiät" - Portugals neuformierte Elf verhielt sich taktisch geschickt und rehabilitierte sich durch das torlose Unentschieden für die Wiener Kanterniederlage.

schicktes Telegramm soll eine Sperre für Kubala zum Inhalt gehabt haben. Die FIFA beteuerte allerdings, niemals eine derartige Maßnahme veranlaßt zu haben. Auf dem Spielfeld boten die Türken den Iberern über die gesamten 120 Minuten Paroli - danach mußte das Los den WM-Teilnehmer entscheiden. Spaniens Ausscheiden, durch Pech und Unvermögen zu gleichen Teilen, war eine der großen Überraschungen der Ausscheidungsspiele und stellte den voreilig ausgearbeiteten WM-Spielplan auf den Kopf.

Die österreichische Equipe. Von links: Ocwirk, Schmied, Dienst, Happel, Körner I, Barschandt, Probst, Körner II, Schleger, Hanappi.

Die türkische Elf. Von links: Mustafa, Erol, Ridvan, Rober, Mehmet, Necmettin, Basri, Coskum, Cetin, Sükrü, Lefter.

Gruppe 6:

06.01.1954	Madrid	Spanien - Türkei	4:1 (1:1)
14.03.1954	Istanbul	Türkei - Spanien	1:0 (1:0)
17.03.1954	Rom	Spanien - Türkei	2:2 (1:1) 2:2 n.V.

1. Türkei (per Losentscheid)	3 Spiele	1	1	1	3:3 Punkte	4:6 Tore
2. Spanien	3 Spiele	1	1	1	3:3 Punkte	6:4 Tore

Für die Titelkämpfe in der Schweiz waren die Spanier von der FIFA bereits als gesetztes Team eingeplant worden. Nicht die geringsten Zweifel bestanden an dem Weiterkommen, der Qualifikationsgegner aus der Türkei wurde ohnehin nur als "Kanonenfutter" betrachtet. Mit dem 4:1 von Madrid erfüllten die Spanier die in sie gesetzten Erwartungen, das 0:1 im Rückspiel vor 30.000 begeisterten Türken stellte hingegen alle Prognosen auf den Kopf. Drei Tage später standen sich beide Teams auf neutralem Terrain in Rom erneut gegenüber. Vor dem Anpfiff hatten die Spanier erst einmal ein Problem am "grünen Tisch" zu lösen: Ein angeblich von der FIFA losge-

Gruppe 7:

Ungarn kampflos qualifiziert, Polen verzichtete

Die stärkste Mannschaft der Welt war nach Polens Rückzug aller Qualifikationssorgen ledig und konzentrierte sich ganz auf hochrangige Testgegner. 1953 siegten die Magyaren u.a. gegen Österreich (3:2) und auf dem "heiligen" Rasen des Wembley-Stadions gegen England (6:3). Die Revanche im Mai 1954 in Budapest endete gar mit 7:1 zugunsten von Puskas, Kocsis & Co.

Gruppe 8:

14.06.1953	Prag	Tschechoslowakei - Rumänien	2:0 (1:0)
28.06.1953	Bukarest	Rumänien - Bulgarien	3:1 (2:0)
06.09.1953	Sofia	Bulgarien - Tschechoslowakei	1:2 (0:2)
11.10.1953	Sofia	Bulgarien - Rumänien	1:2 (1:1)
25.10.1953	Bukarest	Rumänien - Tschechoslowakei	0:1 (0:1)
08.11.1953	Prag	Tschechoslowakei - Bulgarien	0:0

1. Tschechosl.	4 Spiele	3	1	0	7:1 Punkte	5:1 Tore
2. Rumänien	4 Spiele	2	0	2	4:4 Punkte	5:5 Tore
3. Bulgarien	4 Spiele	0	1	3	1:7 Punkte	3:7 Tore

In einer unattraktiven Vorrundengruppe setzte sich erwartungsgemäß der Favorit durch. Mit nur fünf Toren erwiesen sich Tschechoslowaken nicht gerade als Vertreter des Offensivfußballs, lediglich ein Gegentor zeugte andererseits aber von einer sattelfesten Abwehr. Vor dem Bukarester Spiel gegen die Tschechoslowaken, deren Leistungen zu Beginn der 50er Jahre stagnierten, besaß auch Rumänien noch die Chance auf den Gruppensieg.

Tschechoslowakei v.l.n.r.: Novak, Rejman, Trnka, Hledik, Pazicky, Safranek, Kacani, Prochazka, Pesek, Hemele und Hlavacek.

Gruppe 9:

13.11.1953	Kairo	Ägypten - Italien	1:2 (1:0)
24.01.1953	Mailand	Italien - Ägypten	5:1 (1:1)

1. Italien	2 Spiele	2	0	0	4:0 Punkte	7:2 Tore
2. Ägypten	2 Spiele	0	0	2	0:4 Punkte	2:7 Tore

Die "Squadra Azzura" qualifizierte sich zwar mühelos für die Titelkämpfe jenseits der Alpen, hatte aber mit den legendären Auswahlteams der 30er Jahre nicht mehr viel gemein. Die Flugzeugkatastrophe von 1949, bei der fast die komplette Mannschaft des AC Turin ums Leben kam, hinterließ große Lücken in der Nationalmannschaft. Da die Manager der Großvereine Jahr für Jahr Topspieler aus anderen Ländern, vor allem Schweden und Emigranten aus Osteuropa, ins Land holten, konnte sich der eigene Nachwuchs angesichts der Überfremdung vieler Mannschaften nicht mehr optimal weiterentwickeln. Das wirkte sich auch auf die Nationalelf aus, die in Ägypten erst nach mehr als einer Stunde zum ersten Torerfolg kam. Auch im Rückspiel vor heimischer Kulisse hielten die Nordafrikaner bis zur Pause dagegen, ehe ihr Widerstand bei ungewohnten äußeren Bedingungen - Schneefall und Kälte - gebrochen wurde.

Italiens Team vor der Partie gegen die Schweiz. Von links: Ghezzi, Vinceni, Tognon, Galli, Nesti, Neri, Pandolfini, Giacomazzi, Lorenzi, Muccinelli und Boniperti.

Gruppe 10:

09.05.1953	Belgrad	Jugoslawien - Griechenland	1:0 (0:0)
01.11.1953	Athen	Griechenland - Israel	1:0 (0:0)
08.11.1953	Belgrad	Jugoslawien - Israel	1:0 (1:0)
08.03.1954	Tel Aviv	Israel - Griechenland	0:2 (0:1)
21.03.1954	Tel Aviv	Israel - Jugoslawien	0:1 (0:0)
28.03.1954	Athen	Griechenland -Jugoslawien	0:1 (0:0)

1. Jugoslawien	4 Spiele	4	0	0	8:0 Punkte	4:0 Tore
2. Griechenland	4 Spiele	2	0	2	4:4 Punkte	3:2 Tore
3. Israel	4 Spiele	0	0	4	0:8 Punkte	0:5 Tore

Jugoslawiens Nationalmannschaft. Links neben Keeper Beara steht Ivica Horvat, später einmal Trainer beim FC Schalke 04.

Im Laufe ihrer vier Qualifikationsspiele erwarben sich die Ballkünstler vom Balkan den Ruf als Minimalisten. Sie gewannen alle Spiele mit 1:0 - und das gegen Kontrahenten, die deutlich schwächer eingeschätzt wurden. Die Sturmschwäche der Jugoslawen überraschte, gehörten doch im November 1953 mit Vukas und Zebec zwei Angreifer der Europa-Auswahl an, die zum FIFA-Jubiläum antrat. Während der Qualifikation und später auch bei der Endrunde in der Schweiz stellte sich heraus, daß den "Jugos" einfach Durchschlagskraft und Vollstreckerqualitäten fehlten.

Gruppe 11:

19.07.1953	Mexico-City	Mexiko - Haiti	8:0 (5:0)
27.12.1953	Port au Prince	Haiti - Mexiko	0:4 (0:2)
10.01.1954	Mexico-City	Mexiko - USA	4:0 (2:0)
14.01.1954	Mexico-City	USA - Mexiko	1:3 (1:0)
03.04.1954	Port au Prince	Haiti - USA	0:3 (0:1)
04.04.1954	Port au Prince	USA - Haiti	3:2 (1:0)

1. Mexiko	4 Spiele	4	0	0	8:0 Punkte	19:1 Tore
2. USA	4 Spiele	2	0	2	4:4 Punkte	7:9 Tore
3. Haiti	4 Spiele	0	0	4	0:8 Punkte	2:18 Tore

Etwas mehr Widerstand hatte man von der Vertretung der USA schon erwartet. Das sensationelle 1:0 über die Engländer bei der Weltmeisterschaft 1950 geisterte vielen Fußball-Experten noch im Hinterkopf herum - es war, wie es sich nachträglich herausstellte, mehr ein Zufallserfolg denn die Visitenkarte einer neuen Fußball-Großmacht. "Soccer" spielte in den Vereinigten Staaten nur eine unbedeutende Nebenrolle, so daß es nicht verwunderte, daß auf das Heimrecht verzichtet wurde. Haiti und Mexiko sparten somit Reisekosten, die US-Amerikaner durften sich über eine größere Resonanz als daheim freuen.

Gruppe 12:

14.02.1954	Asuncion	Paraguay - Chile	4:0 (1:0)
21.02.1954	Santiago	Chile - Paraguay	1:3 (1:1)
28.02.1954	Santiago	Chile - Brasilien	0:2 (0:1)
07.03.1954	Asuncion	Paraguay - Brasilien	0:1 (0:0)
14.03.1954	Rio de Janeiro	Brasilien - Chile	1:0 (1:0)
21.03.1954	Rio de Janeiro	Brasilien - Paraguay	4:1 (1:0)

1. Brasilien	4 Spiele	4	0	0	8:0 Punkte	8:1 Tore
2. Paraguay	4 Spiele	2	0	2	4:4 Punkte	8:6 Tore
3. Chile	4 Spiele	0	0	4	0:8 Punkte	1:10 Tore

Nachdem Argentinien aus unklaren Gründen seine Meldung zurückgezogen hatte, lief alles auf ein Duell zwischen Brasilien und Paraguay um den zweiten freien Platz in der Südamerika-Zone hinaus. Uruguay besetzte als Titelverteidiger einen Finalplatz, ohne durch die Mühle der Qualifikation zu müssen. Zwei Niederlagen gegen Paraguay bei den Spielen um die Südamerika-Ländermeisterschaft 1953 hatten die Ballkünstler vom Zuckerhut vorgewarnt, die souveränen Siege des 1954 durch einen Militärputsch gezeichneten Landes über Chile taten ein Übriges. In Asuncion erzielte Baltazar für die Brasilianer nach 50 Minuten das Tor des Tages, weitere Treffer ließen die kompakten Abwehrreihen auf beiden Seiten nicht zu. Zum Rückspiel pilgerten 200.000 Menschen ins Maracana-Stadion und wurden Zeugen einer hochklassigen Partie, die Brasilien dank starker Leistungen in Verteidigung und Angriff verdient gewann.

Mexikos Auswahl

Brasiliens Team. Oben (v.l.): D. Santos, Brandaozinho, Castilho, N. Santos, Pinheiro, Bauer; unten (v.l.): der Masseur, Julinho, Didi, Baltazar, Pinga, Rodriguez.

Gruppe 13:

07.03.1954	Tokio	Japan - Südkorea	1:5 (1:2)
14.03.1954	Tokio	Südkorea - Japan	2:2 (1:2)

1. Südkorea	2 Spiele	1	1	0	3:1 Punkte	7:3 Tore
2. Japan	2 Spiele	0	1	1	1:3 Punkte	3:7 Tore

Nur drei Mannschaften aus dem ostasiatischen Raum wollten an den Qualifikationsspielen teilnehmen, zwei traten schließlich an. China, das im Koreakrieg an der Seite Nordkoreas gekämpft hatte, zog sich aus politischen Gründen zurück. Als international völlig unbeschriebenes Blatt kreuzte Südkorea in Tokio auf und degradierte die Japaner zu Statisten. Damit war die Fahrkarte in die Schweiz gesichert.

Koreas WM-Repräsentative Lee, Hong, Ham, Woo, Choi, Kang, Park, Han, Min, Chung, Sung.

Sieger Gruppe 4. Frankreichs Equipe, v.l.n.r.: Marche, Remetter, Ben Tifour, Kopa, Strappe, Gianessi, Dereuddre, Mahjoub, Marcel, Vincent, Kaelbel.

Die Schweiz war als Gastgeberland automatisch qualifiziert. Das Schweizer-Team (v.l.): Bocquet, Parlier, Vonlanthen, Ballaman, Meier, Kernen, Neury, Hügi II, Flückiger, Patton und Casali.

Hinter den Kulissen: Die Organisation der Weltmeisterschaft

Der Gedanke, als Ausrichter der Fußball-Weltmeisterschaft zu fungieren, kam der Schweiz kurz nach Ende des 2. Weltkrieges. Treibende Kraft war dabei Verbandspräsident Ernst Thommen, der die WM als ideales Forum zur Völkerverständigung betrachtete. Beim FIFA-Kongreß 1946 in Luxemburg bewarben sich die Eidgenossen für die Titelkämpfe 1950 - und zogen gegenüber Brasilien den kürzeren. Zwei Jahre später hatte der Schweizer Fußballverband, dessen Delegiertenversammlung sich kurz zuvor eindeutig für die Übernahme einer solchen Großveranstaltung ausgesprochen hatte, mehr Glück und erhielt in London den Zuschlag für die WM 1954. Schweden zog seine Bewerbung zurück, nachdem der Weltverband den Skandinaviern bereits die Zusage für die Durchführung des nächsten Weltturniers 1958 gegeben hatte.

Die Planungen der Schweizer begannen in der Hoffnung auf ein positives Signal der FIFA bereits 1946, als eine Dreierkommission den "Status Quo" der potentiellen Austragungsstätten feststellte. Die heiße Phase der WM-Vorbereitung begann am 19. November 1949 mit der Gründung des "Vereins Fußball-Weltmeisterschaft in der Schweiz", einer den Organisationskomitees späterer Großveranstaltungen ähnlichen Einrichtung. Ernst Thommen, der Vorsitzende des Vereins, wollte das finanzielle Risiko der WM-Ausrichtung für den Schweizer Verband so gering wie möglich halten und bediente sich dabei ... der Werbung. Die Sport-Toto-Gesellschaft erlaubte Inseratenfelder auf ihren Coupons, und der Erlös floß - sozusagen als Defizitgarantie - in einen Fonds für internationale Großereignisse. Es war nicht die einzige Maßnahme zur Finanzierung der Titelkämpfe: Der Verkauf von Erinnerungstalern in Gold und Silber, WM-Briefmarken, WM-Souvenirs, offiziellen Programmheften und die Vergabe der Exklusiv-Filmrechte an eine Schweizer Firma brachten Geld in die Kasse. Das hereinbrechende Medienzeitalter lockte etliche kommerzielle Radiosender aus Südamerika in die Schweiz - die notwendigen Zusatzinstallationen ließ sich das Organisationskomitee ebenfalls angemessen entschädigen. All diese Einnahmen waren dringend notwendig, um beispielsweise die Transportkosten für die Teams (etwa 460.000 Franken) sowie Aufenthalts- und Verpflegungskosten (mehr als 200.000 Franken) zu begleichen. Denn am Gewinn aus dem Verkauf der Eintrittskarten profitierten in erster Linie die Verbände der teilnehmenden Mannschaften und die FIFA.

So läßt man sich natürlich gerne ablichten: Deutsche und türkische Spieler umrahmen die Miss Europa.

Werbung durfte in der Schweiz nicht fehlen

Im Mai 1954 sagte Deutschlands Wirtschaftsminister Ludwig Erhard beim internationalen "Kongreß der Werbung" in Frankfurt: "Die Werbung ist aus der modernen Volkswirtschaft nicht mehr wegzudenken." Natürlich wollten auch die Schweizer das sportliche Großereignis für ihre Zwecke nutzen: Unter dem Motto "Werbung in aller Welt" wurde dabei in erster Linie an die Ankurbelung des Tourismus gedacht. Ein eigens eingerichteter Fachausschuß für Propaganda erarbeitete ein mehrsprachiges Informationsbulletin über die WM-Adressaten waren Presse und Reisebüros in aller Welt. Bei der Auslandswerbung wurde das Organisationskomitee von der Schweizerischen Zentrale für Verkehrsförderung nahezu optimal unterstützt, die 16 Auslandsagenturen (u.a. in Brüssel, Buenos Aires, Kairo, Frankfurt, London, Mailand, New York, Rom, San Francisco und Wien) besaß. Die Vorzüge der Schweiz als Urlaubsland sollten den WM-Touristen vor allem für die spielfreie Zeit zwischen Achtelfinale (bis 20. Juni) und - ungeachtet der beiden Entscheidungsspiele - Viertelfinale (ab 26. Juni) schmackhaft gemacht werden. Nicht zuletzt durch die etwa 1000 Journalisten, die in ihren Beiträgen neben dem sportlichen Geschehen auch Land und Leuten einige Worte widmeten, erfuhr die "Marke Schweiz" eine Steigerung ihres Bekanntheitsgrades.

Die Fußball-Weltmeisterschaft als Medienereignis

Das weltweite Interesse an dem Turnier in der Schweiz verdeutlichte allein schon die Zahl der angereisten Journalisten. Mehr als 1000 Vertreter von Presse, Hörfunk und Fernsehen berichteten fast einen Monat lang über die nach den Olympischen Spielen bedeutendste Sportveranstaltung der Welt. Eine detaillierte Übersicht über die Medienvertreter :

Herkunftsland	*Text*	*Foto*	*Radio/TV*	*Gesamt*
Schweiz (für inländische Medien)	230	45	109	384
Deutschland	132	22	17	171
Italien	102	8	19	129
Brasilien	63	11	31	105
Frankreich (inkl. Nordafrika)	81	10	5	96
Schweiz (für ausländische Medien	65	19	0	84
Großbritannien (inkl. Irland u. Malta)	61	3	5	69
Uruguay	42	5	8	55
Österreich	34	3	7	44
Jugoslawien	34	1	2	37
Türkei	33	1	1	35
Belgien	23	1	2	26
Schweden	21	0	0	21
Übrige südamerik. Länder	17	0	0	17
Tschechoslowakei	11	0	2	13
Zentralamerika (u.a. Mexiko)	10	0	2	12
Ungarn	8	0	2	10
Naher Osten (u.a. Ägypten)	8	0	0	8
Israel	7	0	0	7
Griechenland	7	0	0	7
Portugal	5	0	0	5
Dänemark	4	0	1	5
Finnland	4	0	0	4
USA	3	0	0	3
Polen	3	0	0	3
Asien (Ceylon, Indonesien, Thailand)	3	0	0	3
Kanada	1	0	1	2
Australien	1	0	0	1
Norwegen	1	0	0	1
Sowjetunion	1	0	0	1

Quelle: *Sport*

Eine der auffälligsten Erscheinungen in der WM-Berichterstattung war sicherlich das große Aufgebot brasilianischer Radioreporter in der Schweiz. Allein sechs kommerzielle Radiosender waren aus Südamerika angereist, um die Fußball-Anhänger in der Heimat stets auf dem Laufenden zu halten. Das WM-Organisationskomitee mußte für diese Sender zusätzliche Installationen durchführen und verlangte - zur Kostendeckung - für das Senderecht eine angemessene Entschädigung, die mit zunehmender Bedeutung der übertragenen Begegnung stieg. Die europäischen Sender, die der UER (Union européene des sociétés de radiodiffusion) angeschlossen waren, konnten die Spiele hingegen gratis übertragen.

Fast 100 Fotografen aus aller Welt warten im Regen auf den Einmarsch der Finalteams aus Ungarn und Deutschland.

Beginn des Fernseh-Zeitalters

Die Durchführung sportlicher Großveranstaltungen ist seit Jahren in hohem Maße von TV- und Werbegeldern abhängig - der Spitzensport kann ohne das Fernsehen nicht mehr existieren. Die steigende Bedeutung des Sports innerhalb der Fernseh-Berichterstattung setzte zwar erst ab Mitte der 80er Jahre massiv ein, doch die TV-Präsenz des Sports existierte bereits in den 30er Jahren, als von den Olympischen Spielen 1936 in Berlin berichtet wurde. "König Fußball" feierte am 26. November 1939 mit der Übertragung des Länderspiels zwischen Deutschland und Italien seine Premiere auf deutschen Bildschirmen. Nach dem 2. Weltkrieg lebten die Sportübertragungen im Fernsehen 1951 wieder auf und etablierten sich im Gesamtprogramm. Die Geburtsstunde des Fernseh-Fußballs in der ARD war der 26. Dezember 1952, als aus Hamburg (FC St. Pauli - Hamborn 07) und

Köln (1. FC Köln - Roter Stern Belgrad) jeweils eine Begegnung übertragen wurde. 1953 wurden bereits 6940 Minuten Sport gesendet, darunter 1820 Minuten Fußball. Als am 21. Juni die Bilder vom Endspiel um die Deutsche Fußball-Meisterschaft über den Bildschirm flimmerten, sahen an manchen Geräten zwischen 20 und 30 Personen zu.

Im zweiten offiziellen Fernsehjahr kam der Fußball-Weltmeisterschaft in der Schweiz bei der Verbreitung des neuen Mediums eine besondere Bedeutung zu - das Turnier in der Schweiz war sozusagen die Geburtsstunde für das Fernsehen als Mittel der Massenkommunikation und nahm in Deutschland 30 Prozent der Sport-Sendeminuten 1954 ein. Im Rahmen der Europäischen Fernsehwochen vom 6. Juni bis zum 4. Juli 1954 strahlte der Schweizer TV-Sender "UTO" Programme aus acht verschiedenen Ländern aus, darunter die St.-Johannis-Nacht auf dem Kopenhagener Tivoli, das weltbekannte Wettreiten (Palio) im toskanischen Siena und ... zahlreiche Spiele der Fußball-WM. Im Züricher *Sport* wurde fast täglich für Fernseher-Modelle geworben, deren Preise von knapp unter 1000 Franken bis etwa 1800 Franken reichten. "Die Fernsehwochen mit der Fußball-Weltmeisterschaft bringen Ihnen grosse und schöne Veranstaltungen in Ihr Heim. Sie werden so am häuslichen Herd Ereignisse miterleben können, die Sie sich bis jetzt nur erträumen konnten" - so oder ähnlich lauteten die Werbetexte, mit denen die Fernseher-Industrie ihre neues Produkt an den Mann bringen wollte. In der Schweiz existierte sogar die Möglichkeit, einen Fernseher zu "leasen". Das Gerät konnte nur durch Einwurf eines 1-Franken-Stücks in Betrieb gesetzt werden - bei Erreichen des Kaufpreises (z.B. 995 Franken) ging der Apparat in den Besitz des Benutzers über.

Der Fernsehboom in der Bundesrepublik Deutschland ließ sich leicht an Zahlen festmachen: Am 1. Januar 1954 hatte die Bundespost 11.685 Fernsehgenehmigungen erteilt, zwölf Monate später waren es bereits 84.278. Als Zuschauermagnet erwiesen sich dabei die Übertragungen von der Fußball-WM - der Monat Juli verzeichnete mit einer Steigerungsrate von 22,2 Prozent gegenüber dem Vormonat den höchsten Anstieg der Fernsehteilnehmerzahlen. Der Monatsdurchschnitt der Programmsparte "Sport" stieg auf etwa 700 Minuten, den Spitzenwert hatte der August (u.a. Leichtathletik-EM in Bern) mit 1290 Minuten zu verzeichnen.

Schwenk auf die Tribüne: Fernsehkameras brachten die Spiele in der Schweiz auf die Mattscheiben in aller Welt.

Sinn und Unsinn des Austragungsmodus

Der Austragungsmodus der 54er Weltmeisterschaft stand nahezu über die gesamte Turnierdauer im Kreuzfeuer der Kritik. Es gab kaum positive Stimmen, auch Bewertungen, die erst Jahre später erfolgten und sich damit durch genügend zeitliche Distanz zum Ereignis selbst auszeichneten, kamen zu demselben Ergebnis. Das Setzen von acht vermeintlich starken Mannschaften sowie die Anwendung eines gemischten Spielsystems als wesentliche Charakteristika des Austragungsmodus bewährten sich nicht. "Es ist nahezu unglaublich, daß dieser absurde Plan von Köpfen so renommierter Fußball-Persönlichkeiten wie Ernst Thommen, O. Barassi, Karel Lotsy, Henri Delaunay, Stanley Rous oder Gustav Wiederkehr entsprang. Er war nicht nur sportlich unmöglich, er setzte sich über alle Prinzipien der Chancengleichheit hinweg und drohte den Wettbewerb zu verzerren", bilanzierten Jo Viellvoye und Karlheinz Mrazek in der *Fußball-Weltgeschichte.*

Woran erhitzten sich nun die Gemüter? Die "Denker" in dem von der FIFA geschaffenen Sonderausschuß waren weder mit dem Punktsystem, nach dem der Weltmeister von 1950 ermittelt wurde, noch mit dem K.o.-System, das 1934 und 1938 zur Anwendung kam, hundertprozentig zufrieden. Man wollte nichts dem Zufall überlassen - wie es bei der strikten Durchführung des K.o.-Systems ab dem Achtelfinale der Fall gewesen wäre - und jeder Mannschaft nach einer Niederlage im ersten Spiel die Möglichkeit zur Rehabilitierung geben. Ein Ausrutscher zum Auftakt sollte "ausgebügelt" werden können, das Comeback nach dem K.o. also möglich sein. Der entscheidende Schwachpunkt dieser im Prinzip sinnvollen Regelung entstand durch die Beibehaltung des *Setzens* bestimmter Mannschaften, die per geheimer Abstimmung ermittelt wurden. Wie wenig sich diese Prozedur an den wahren Kräfteverhältnissen im internationalen Fußball orientierte und wie wenig flexibel sie war, geht schon daraus hervor, daß die Spanier gesetzt wurden, ohne das Resultat der Qualifikationsspiele abgewartet zu haben. Überraschenderweise schaffte die international höchstens zweitklassige Türkei den Sprung unter die besten 16 und nahm die für Spanien reservierte Stelle eines *Gesetzten* ein. Sie gesellte sich zu Fußball-Größen wie Ungarn, Brasilien, Uruguay und Österreich und zu einstigen Größen wie Frankreich, Italien und England, deren Leistungsstärke einfach überschätzt wurde.

"Nachdem gegenwärtig die spielerische Qualität in den verschiedenen Ländern nicht mehr die großen Unterschiede früherer Jahre aufweist, ist es praktisch unmöglich, Monate im voraus zu bestimmen, welche Teams gesetzt werden sollen", zeigte Sonderausschuß-Mitglied Ernst Thommen nach dem Turnier (späte) Einsicht.

Den gesetzten Mannschaften wurden Gegner zugelost, und jeweils vier Teams bildeten eine Vorrundengruppe. Dabei trafen die beiden Gesetzten jeder Gruppe nicht aufeinander - eine Entscheidung, die den Grundsatz der Chancengleichheit mit Füßen trat. Die "deutsche" Gruppe mag als bestes Beispiel dafür herhalten: Ungarn und die Türkei waren gesetzt, spielten jeweils gegen Deutschland und Südkorea. Nach den vier Gruppenspielen waren Türken und Deutsche punktgleich - eine Entscheidung mußte her. Spiele zwischen der Türkei und Ungarn bzw. zwischen Deutschland und Südkorea hätten die Chancengleichheit gewahrt, da in dieser Vorrundengruppe dann jeder gegen jeden angetreten wäre. Stattdessen gab es ein Entscheidungsspiel zwischen der Türkei und Deutschland, zum Glück für die Organisatoren mit einem gerechten Ausgang. Ähnlich verhielt sich die Lage in der Gruppe mit Gastgeber Schweiz und den Italienern, wo - ebenfalls gerechterweise - der Ungesetzte das Viertelfinale erreichte. Ein Ausscheiden der Schweizer hätte die Kritik am Austragungsmodus ins Unermeßliche gesteigert.

Es mutet auch absurd an, daß die Viertelfinalteilnehmer (mit Ausnahme von Deutschland und der Schweiz), vor ihrem dritten Turnierauftritt im Schnitt sieben Tage Pause hatten. Ein drittes Gruppenspiel für alle 16 Mannschaften hätte den WM-Fahrplan nicht durcheinandergebracht und für die notwendige Chancengleichheit gesorgt. "Der Versuch, eine bessere Austragungsformel für die Schlußrunde zu finden, ist den Organisatoren der Fußball-Weltmeisterschaft 1954 nicht restlos geglückt", übte Thommen erneut Selbstkritik und fügte bezüglich des zukünftigen Modus an: "Meine Erfahrung lehrt, daß bis zur Ermittlung der acht weltbesten Mannschaften, also bis zu den Viertelfinals, eine Art Punkte-System angewendet werden sollte, während für die Viertel- und Halbfinals das reine Cup-System gewählt werden sollte." Die Organisatoren der Weltmeisterschaften von 1958 bis 1970 beherzigten diesen Rat.

Die letzten Wochen vor Turnierbeginn

Die heiße Phase der WM-Vorbereitung hatte zwei Höhepunkte: Die Partie zwischen der Schweiz und Weltmeister Uruguay, gleichzeitig Eröffnung des als Olympia-Schauplatz geplanten Stadions von Lausanne, und das Prestigeduell zwischen dem Titelfavoriten Ungarn und England. Wie groß das Interesse an diesen beiden Freundschaftsspielen war, dokumentieren folgende Zahlen: Der Züricher *Sport* behandelte das Lausanner Treffen auf fünf Seiten, in Budapest wollten 300.000 Menschen die "Wunderelf" ein letztes Mal vor dem erhofften Sprung in den siebten Fußball-Himmel sehen. Zur gleichen Zeit, am vorletzten Wochenende im Mai, herrschten in Deutschland nicht die geringsten Anzeichen von WM-Fieber. Was zählte, war allein das Finale um die Deutsche Meisterschaft zwischen dem 1. FC Kaiserslautern und Hannover 96 in Hamburg. Es endete mit 5:1 zugunsten des Außenseiters aus Norddeutschland, und Sepp Herbergers Nationalmannschafts-Gerippe mit den Walter-Brüdern, Kohlmeyer, Liebrich und Eckel zeigte sich dabei nicht gerade in Topform.

Sport bezeichnete den Triumph der Magyaren als "eindeutigen Beweis für die Überlegenheit des kontinentalen - und natürlich besonders des ungarischen - 'Hirnfußballs' über den britischen Kraftfußball". England spielte in taktischer Hinsicht anfängerhaft und hatte dem von Puskas, Kocsis und Czibor entfachten Sturmwirbel nichts entgegenzusetzen. Die englische Presse stimmte den Grabgesang auf den Fußball von der Insel an. So plazierte der *News Chronicle* auf der ersten Seite eine reproduzierte Urne mit der Inschrift: "In herzlicher Erinnerung an den englischen Fußball, der am 23. Mai in Budapest gestorben ist, tief betrauert von vielen Freunden und Bekannten. Der Körper wird kremiert werden und die Asche in die Donau zerstreut."

Mit dem 3:3-Unentschieden gegen die Schweiz spielte sich hingegen Titelverteidiger Uruguay, der bereits am 17. Mai im Gastgeberland eingetroffen war, nicht unbedingt in die Rolle des Turnierfavoriten. Allerdings mußte der sportliche Wert dieses auf den ersten Blick interessanten Vergleichs mit Vorsicht genossen werden. "Was dann in der

Auch 1954 wurde der Sicherheit im Stadionbereich bereits große Bedeutung beigemessen.

Verschnaufpause für die schweizer Soldaten, die für die Sicherheit während der Titelkämpfe garantierten.

Um die Form der ungarischen Nationalelf war es da schon anders bestellt. Die von den Engländern als Revanche für das 3:6 im Londoner Wembley-Stadion gedachte Partie wurde zu einer Demonstration ungarischer Fußball-Virtuosität. Mit 7:1 wurden die Spieler aus dem Mutterland des Fußballs nach Hause geschickt - der höchsten Niederlage in der Geschichte des englischen Fußballs. Der

zweiten Hälfte aber aufgeführt wurde, veranlaßt uns zu sagen, daß wir diese Partie als offiziellen Länderkampf eigentlich nicht in die Rekorde eintragen sollten", kritisierte der *Sport*. Erst folgten zahlreiche Auswechslungen auf beiden Seiten, dann eskalierte die Partie nach der Roten Karte für den "Uru" Miguez. "Da stürmten Pfleger und Offizielle aufs Feld, Photographen und andere Leute,

Idylle in Spiez am Thuner See. Aus der Ruhe schöpfte Deutschlands Equipe die Kraft.

die nichts darauf verloren haben. Nun, das ist unsere Schuld. Ein Ordnungsdienst, wie er sich gehört, hätte das verhindern können. Gewarnt war man schon frühzeitig von kleineren Invasionen in der ersten Halbzeit gewesen. Der Schiedsrichter versuchte zu trennen, wo Blaue Rote attackieren wollten, Rote versuchten, eigene und Gästespieler zurückzuhalten und vom Schauplatz des auf dem Boden zum steinerweichen lamentierenden Ausgewiesenen wegzuhalten. Andrade, der einzige Schwarze, betätigte sich allein für 20 Ordnungsleute, schickte und stieß aufgeregte Kameraden weg, entschuldigte sich mit Backenstreicheln bei den Schweizern und mit freundschaftlichen Ambracios (Umarmungen). Der Ref platzte fast vor Energie, sollte aber allein mit einer Horde von rund 50 Leuten fertig werden, die alle auf dem Platz herumstoffelten. Kurz, ein Tohuwabohu unterm Pfeifen der Menge, die ohnehin die Pfiffe allzu locker in der Kehle sitzen hatte" - so die Schilderung der Ereignisse im *Sport*. Der Fußball spielte in diesem Theaterstück nur eine Nebenrolle. Die Schweiz bewies nur eine Woche später, daß der Achtungserfolg gegen den amtierenden Weltmeister keine Eintagsfliege war und besiegte Holland mit 2:1.

Nachbar Österreich hielt sich in der Endphase der Vorbereitung ebenfalls schadlos und besiegte nacheinander Norwegen (5:0) und den AC Milan (7:0). Zum Eklat kam es beim Testspiel in Innsbruck gegen eine Tiroler Auswahl. Den 16.000 Zuschauern wurde entgegen der Ankündigung durch den Tiroler Verband nur die zweite Garnitur präsentiert. Als auch nach der Pause nichts von den Austria-Stars zu sehen war, gingen die Zuschauer auf die Barrikaden und forderten mit Sprechchören den Einsatz von Happel, Ocwirk & Co. Bälle, die übers Tor geschossen wurden und in der Menge landeten, wurden nicht mehr auf das Spielfeld zurückgeworfen, auch Bierflaschen flogen aufs Feld. Schließlich griff Trainer Edi Frühwirth zum Mikrofon und erklärte, daß die erste Garnitur nicht binnen drei Tagen ein zweites Testspiel (nach dem 7:0 über Milan) bestreiten könne. Die Zuschauer, die teils maßlos überhöhte

Eintrittspreise gezahlt hatten und der - falschen - Ankündigung, der komplette WM-Kader werde zum Einsatz kommen, Glauben geschenkt hatten, kamen aber schließlich doch noch auf ihre Kosten. Unter dem Druck der Menge schickte Frühwirth seine Paradepferde aufs Feld, die ein 15:1 herausschossen. Für den Ehrentreffer sorgte Happel, der plötzlich auf das eigene Tor zurannte und den fassungslosen Keeper Zeman mit einem sehenswerten Schuß in den Winkel überwand.

Ruhe im Lager der deutschen Mannschaft

Von vielen Vorbereitungsspielen, noch dazu gegen hochkarätige Gegner, träumte Bundestrainer Sepp Herberger. Nach dem letzten WM-Qualifikationsspiel bestritt die deutsche Elf nur noch ein Länderspiel und siegte am 25. April zur Eröffnung des Baseler St.Jakob-Stadions mit 5:3 über die Schweiz. Herberger rief seine WM-Kandidaten am 26. Mai zum Lehrgang in die Sportschule Grünwald bei München, wo der 28 Spieler umfassende Kader noch um sechs Akteure reduziert wurde. Vom deutschen Überraschungsmeister Hannover 96 war in Grünwald kein Spieler dabei. Als der FIFA am 1. Mai die 40 für die Weltmeisterschaft in Frage kommenden Spieler gemeldet werden mußten, konnte niemand die Sensationssiege der Niedersachsen vorausahnen. Spieler wie Tkotz, Müller oder Geruschke waren zwar keine schlechten Fußballer, hatten sich aber im Frühjahr 1954 nicht so stark in den Vordergrund schieben können, als daß man sie hätte nominieren müssen. Experten meinten einerseits, Hannover habe seinen Erfolg auch dem Spielwitz und den Einfällen von Individualisten zu verdanken, betrachteten andererseits aber die internationale Unerfahrenheit der 96er als schwerwiegenden Nachteil.

Die Woche vor den Toren Münchens endete für die verletzten Baumann (1. FC Nürnberg) und Röhrig (Köln) sowie für Harpers (Sodingen), Gottinger (Fürth), Schäfer (Siegen) und Deinert mit einer wenig erfreulichen Nachricht - der WM-Zug fuhr ohne sie ab. Am 10. Juni - nach einer Woche "Heimaturlaub" - traf sich in der Sportschule Schöneck bei Karlsruhe der erlauchte Kreis von folgenden 22 Spielern:

Torhüter: Toni Turek (Fortuna Düsseldorf), Heinz Kwiatkowski (Borussia Dortmund), Heinz Kubsch (FK Pirmasens). *Verteidiger:* Hans Bauer (Bayern München), Friedrich Laband (Hamburger SV), Werner Kohlmeyer (1. FC Kaiserslautern), Herbert Erhardt (SpVgg Fürth). *Läufer:* Horst Eckel (1. FC Kaiserslautern), Jupp Posipal (Hamburger SV), Karl Mai (SpVgg Fürth), Werner Liebrich (1. FC Kaiserslautern), Karl-Heinz Metzner (Hessen Kassel), Paul Mebus (1. FC Köln). *Stürmer:* Richard Herrmann (FSV Frankfurt), Max Morlock (1. FC Nürnberg), Fritz Walter, Ottmar Walter (beide 1. FC Kaiserslautern), Hans Schäfer (1. FC Köln), Helmut Rahn (Rot-Weiß Essen), Ulrich Biesinger (BC Augsburg), Alfred Pfaff (Eintracht Frankfurt) und Bernhard Klodt (FC Schalke 04).

Über Schöneck reiste die deutsche Delegation ins WM-Quartier nach Spiez am Thuner See. Auf dem Weg dorthin besichtigte der DFB-Tross das Berner Wankdorfstadion, wo am 17. Juni der erste WM-Auftritt gegen die Türkei erfolgen sollte. Daß in Bern am 4. Juli auch das Finale stattfinden sollte, diese Tatsache interessierte am 10. Juni wohl kaum einen der deutschen Spieler. Man hatte ja ohnehin Tribünenkarten für den WM-Höhepunkt.

Brasiliens Nationalmannschaft nach der Ankunft auf dem Züricher Flughafen Kloten. Sie reiste danach weiter in ihr Quartier, die Eidgenössische Turn- und Sportschule in Magglingen.

Die Spiele der Vorrunden-Gruppe 1

Frankreich - Jugoslawien 0:1 (0:0)
16. Juni, Lausanne
(Eröffnungsspiel)

FRANKREICH:	Remetter; Gianessi, Jonquet, Kaelbel; Marcel, Fenverne; Kopa, Glovacki, Strappe, Dereuddre,Vincent
JUGOSLAWIEN:	Beara; Stankovic, Horvat, Crnkovic; Cajkovski, Boskov; Milutinovic, Mitic, Vukas, Bobic, Zebec
Tore:	Milutinovic (14.)
Schiedsrichter:	B. M. Griffiths (Wales)
Linienrichter:	Asensi (Spanien), Baumberger (Schweiz)
Zuschauer:	27.000

Eine Viertelstunde vor Spielbeginn eröffneten FIFA-Präsident Jules Rimet und der Schweizer Bundespräsident Dr. Rudolf Rubattel, ein Waadtländer, die 5. Fußball-Weltmeisterschaft. Beiden gemeinsam war dabei die Hoffnung auf den völkerverbindenden Charakter der Spiele, und der 80jährige Rimet verkündete: "Zu einer Zeit, da Zank und Hader vielfach über das Zusammengehörigkeitsgefühl triumphieren, gibt der Fußball eine Lektion, die zur Hoffnung berechtigt, daß sich Mittel und Wege finden, die Einheit der Völker zustande zu bringen."

Der kühle Abend im Stade Olympique von Lausanne schien beide Mannschaften nicht gerade zu einem Klassespiel zu inspirieren - die Auftaktpartie der Gruppe 1 blieb deutlich hinter den Erwartungen zurück. Milutinovic erzielte nach schöner Kombination in der 14. Minute den ersten Treffer dieser Weltmeisterschaft - ein harter Flachschuß, unhaltbar für den jungen Remetter. Der dritte Torhüter der Franzosen mußte einspringen, weil sich Vignal und Ruminsky im Training verletzt hatten. Die Führung der Jugoslawen spiegelte den Spielverlauf zu diesem Zeitpunkt korrekt wieder, denn die Mannschaft von Trainer Ciric agierte schneller und mit mehr Zusammenhang als der Gegner.

Die Franzosen fanden nach anfäglicher Nervosität Mitte der ersten Hälfte zu ihrem Rhythmus, besaßen durch Dereuddre und Marcel erste Torchancen. Mehr als ein Strohfeuer waren die französischen Angriffsaktionen jedoch nicht - die Mannschaft wurde von ihren Anhängern mit Pfiffen in die Kabinen begleitet. Nach der Pause mußte die standfeste jugoslawische Deckung nur einmal tief durchatmen, als Frankreichs Außenstürmer Vincent den am Boden liegenden Beara anschoß (60.). Die Schlußphase der zweikampfbetonten Begegnung stand ganz im Zeichen

Milutinovic (Mitte) beim Fallrückzieherversuch, Frankreichs Jonquet (l.) und Gianessi (r.) wollen das verhindern.

der Jugoslawen, die sichtlich auf Halten des Ergebnisses spielten. Den Ausgleich verpaßte kurz vor Schluß Rechtsaußen Kopa, dessen Schuß von Beara glänzend pariert wurde.

Einen Grund für Frankreichs Niederlage sahen Experten im Verspielen des einzigen Trumpfes der "Equipe Tricolore", der höheren Antrittsschnelligkeit gegenüber den Jugoslawen. Als die Franzosen endlich lange Bälle schlugen, waren diese für die Stürmer zu steil, um Kapital daraus zu schlagen. Auf Seiten der Jugoslawen ragten Torhüter Beara und der "Schwerarbeiter" Vukas heraus, während "große" Namen wie Zebec und Mitic hinter den Erwartungen zurückblieben. Läufer Caj - kovski startete als "Hans Dampf in allen Gassen", baute jedoch mit zunehmender Spieldauer ab. Mit dem 1:0-Sieg setzte die Mannschaft vom Balkan ihre Serie aus den Qualifikationsspielen fort, wo sie alle vier Begegnungen (gegen Griechenland und Israel) mit diesem Resultat gewonnen hatte.

Mexiko - Brasilien 0:5 (0:4)
16. Juni, Genf

MEXIKO:	Mota; Lopez, Gomez; Romo, Cardenas, Avalos; Torres, Naranjo, Lamadrid, Balcazar, Arellano
BRASILIEN:	Castilho; D. Santos, N. Santos; Brandaozinho,Pinheiro, Bauer; Julinho, Didi, Baltazar, Pinga, Rodrigues
Tore:	Baltazar (24.), Didi (30.), Pinga (34./43.), Julinho (69.)
Schiedsrichter:	P. Wyßling (Schweiz)
Linienrichter:	Da Costa (Portugal), Schönholzer (Schweiz)
Zuschauer:	18.000

Didi, Humberto und Brandaozinho (v.l.) hissen in Magglingen die brasilianische Flagge.

Brasiliens Trainer Alfredo "Zéze" Moreira wollte - anders als sein Vorgänger Flavio Costa bei der WM 1950 im eigenen Land - mit Disziplin und systematischem Spiel zum Erfolg kommen. Die "angeborenen" Fähigkeiten seiner Spieler - Virtuosität, Schnelligkeit und Intuition - sollten dabei jedoch nicht auf der Strecke bleiben. Nach dem ungefährdeten Sieg über Mexiko war es aber noch zu früh, über den Erfolg des "ZM-Systems" (so genannt nach den Initialen des Trainers) zu urteilen. Die Mexikaner waren dem Gegner in körperlicher wie technischer Hinsicht deutlich unterlegen und offenbarten, daß ihre tadellose Leistung in der Qualifikation für die Titelkämpfe (8:0 Punkte, 19:1 Tore) lediglich auf der Schwäche der Gegner (Haiti und USA) beruht hatte. Ein längerer Aufenthalt in der Schweiz hätte die Mexikaner ohnehin vor finanzielle Probleme gestellt: Nach der Abwertung des Pesos mußte Trainer Antonio Lopez Herranza den WM-Kader von 22 auf 18 Spieler reduzieren, um die hohen Reisekosten zu senken.

Nur in der ersten Viertelstunde konnte die Elf aus Mittelamerika dem Gegner Paroli bieten und befreite sich mit Überraschungsangriffen aus der eigenen Abwehr vom Druck der Brasilianer. Der hohe Favorit zeigte Anlaufschwierigkeiten, die anfängliche Nervosität führte zu zahlreichen Abspielfehlern. Die 1:0-Führung durch Baltazar nach Vorabeit von Didi löste die Verkrampfung im brasilianischen Spiel, drei weitere Treffer bis zum Pausenpfiff waren die Folge. Stark spielte auf der linken Seite das Tandem Pinga - Rodrigues, aber auch Didi auf der halbrechten Position zeichnete sich durch wirkungsvolle Aktionen aus. Er bestach durch den unhaltbaren Freistoß, der zum 2:0 führte, war noch an zwei weiteren Treffern beteiligt und setzte Rechtsaußen Julinho gekonnt ein. Dessen Tor zum 5:0 war nicht nur der Abschluß des Torreigens, sondern auch der schönste Treffer des Tages. Von der Platzmitte aus zog er davon, umspielte drei Gegner und ließ Mota keine Chance. Der mexikanische Ersatzkeeper, der nach der Handverletzung von Carbajal einspringen mußte, zählte jedoch ebenso wie Stopper Cardenas zu den stärksten Akteuren der Mittelamerikaner.

Der Ehrentreffer wollte ihnen auch in der letzten Viertelstunde nicht gelingen, als Brasilien einen Gang zurückschaltete und das Spiel verflachte. Mit dem Spiel in die Breite war gegen das gegnerische Abwehrbollwerk, aus dem Stopper Brandaozinho herausragte, nicht viel auszurichten. Hohen Unterhaltungswert boten allein die akrobatischen Einlagen einiger brasilianischer Akteure, allen voran die dunkelhäutigen Didi und Djalma Santos.

In der südamerikanischen Heimat wurde das Auftaktspiel mit Spannung verfolgt. Staatspräsident Getulio Vargas ließ sich in den Pausen zwischen Audienzen von seinem Staatssekretär über den Zwischenstand informieren, im Parlament wäre fast eine wichtige Abstimmung geplatzt, da ein großer Teil der Abgeordneten das Hören der Radioreportage vorzog. Auf den Straßen herrschte natürlich ebenfalls WM-Stimmung: Tausende versammelten sich an öffentlichen Lautsprechern, um über das Geschehen in Genf informiert zu werden.

Jugoslawien gegen Brasilien: Der hochspringende Brandaozinho zerstört mit einem Kopfball einen Angriff der "Jugos". Pinheiro (l.) und D. Santos (r.) beobachten die Aktion.

Brasilien - Jugoslawien 1:1 (0:0, 1:1) n.V. 19. Juni, Lausanne

BRASILIEN:	Castilho; D. Santos, N.Santos; Pinheiro, Brandaozinho, Bauer; Julinho, Didi, Baltazar, Pinga, Rodrigues
JUGOSLAWIEN:	Beara; Stankovic, Horvat, Crnkovic; Cajkovski, Boskov; Milutinovic, Mitic, Zebec, Vukas, Dvornic
Tore:	Didi (70.) - Zebec (50.)
Schiedsrichter:	E. Faultless (Schottland)
Linienrichter:	Ellis (England), von Gunten (Schweiz)
Zuschauer:	45.000

Die Vorzeichen in dieser Begegnung waren eindeutig: Beiden Mannschaften genügte ein Unentschieden zum Weiterkommen. Warum die Partie nicht nach 90 Minuten beendet wurde, bleibt ein Geheimnis der Turnierleitung - sie wollte unbedingt einen Sieger sehen, wobei sich eine Verlängerung letztlich als ungeeignetes Mittel erwies. Die *Neue Zürcher Zeitung* hielt sich mit ihrer Kritik am Turniermodus nicht gerade zurück und bezeichnete das Reglement der ersten Runde als "das Unsinnigste, das je einem Köpfchen entsprungen" sei.

Einen Nichtangriffspakt hatten Jugoslawen und Brasilianer allerdings nicht abgeschlossen und boten eine über weite Strecken ansprechende Partie. Die Akzente setzten etwas unerwartet die Jugoslawen, die in der unmittelbaren Turniervorbereitung zwar viele verletzte und ausgebrannt wirkende Stammspieler in ihren Reihen hatten, bei den Titelkämpfen in der Schweiz aber auf die Minute topfit waren. Sie imponierten durch flüssiges Kombinationsspiel, zeigten von der Spielanlage her die reifere Leistung und kauften dem Gegner in acht von zehn direkten Zweikämpfen den Schneid ab. Überragend im Aufbau war der rechte Außenläufer Caj - kovski, aber auch Stopper Horvat und Stürmer Vukas gehörten zu den Stützen der Mannschaft. Allein am Zweikampfverhalten lag es jedoch nicht, daß die Südamerikaner hinter den Erwartungen zurückblieben. Die Elf von "Zezè" Moreira präsentierte sich nicht als Einheit - das Spiel lief an zu vielen Akteuren vorbei - und die Angriffe der Jugoslawen wurde zu spät gestört. Hinzu kam, daß sich Rodrigues nach 20 Minuten verletzte und für den Rest der Begegnung nicht mehr als eine Statistenrolle spielte.

Nach monotoner erster Hälfte mit viel Mittelfeldgeplänkel forcierten die Jugoslawen das Tempo und gingen durch Zebec in Führung

(49.). Es war eine der wenigen erfolgreichen Aktionen des Mittelstürmers, der als Paradebeispiel für die Abschlußschwäche der Jugoslawen stand. Brasilien hielt dagegen: Zwischen der 55. und 70. Minute waren die Ballvirtuosen kaum zu stoppen und glichen durch Didi aus. Weniger Glück hatte Julinho, der einmal den Pfosten (65.) und einmal die Latte (76.) traf. Die Expertenmeinungen über die zweite Hälfte waren euphorisch: Von "hier rassiger Carioca, dort beschwingter Walzer" war die Rede, und der Züricher *Sport* urteilte: "... denn was in diesen zweiten 45 Minuten an fußballerischen Finessen und Raffinements von beiden Seiten geboten wurde, gehörte wohl zum Besten, das man jemals auf schweizerischen Fußballfeldern sah". Punktsieger der Verlängerung waren eindeutig die Jugoslawen, deren Stürmer sich jedoch im Abschluß als ebenso kraft- wie erfolglos erwiesen.

Frankreich - Mexiko 3:2 (1:0)
19. Juni, Genf

FRANKREICH:	Remetter; Gianessi, Kaelbel, Marche; Marcel, Mahjoub; Kopa, Dereuddre, Strappe, Ben Tifour, Vincent
MEXIKO:	Carbajal; Lopez, Avalos, Romo; Cardenas,Martinez; Torres, Naranjo, Lamadrid, Balcazar, Arellano
Tore:	Vincent (19.), Cardenas (46., Eigentor), Kopa (86., Handelfmeter) - Lamadrid (64.), Naranjo (85.)
Schiedsrichter :	M. Asensi (Spanien)
Linienrichter:	Francken (Belgien), Baumberger (Schweiz)
Zuschauer:	27.000

Der Sieg über die im ersten Spiel ebenfalls geschlagenen Mexikaner nützte den Franzosen nichts mehr - sie mußten als gesetzte Mannschaft bereits im Achtelfinale die Segel streichen. Vor eigenem Publikum - knapp 20.000 Zuschauer waren aus der Heimat angereist - gelang der "Equipe Tricolore" dennoch keine völlige Rehabilitation. Einfachste Spielzüge und Pässe mißlangen, im Angriff wurde ohne Zusammenhang agiert, nach der 2:0-Führung hatte man das Spiel praktisch abgehakt. Mexiko dagegen verkaufte sich so teuer wie möglich und verabschiedete sich mit einer geschlossenen Mannschaftsleistung vom WM-Turnier. Die Mannschaft hätte ein Unentschieden verdient gehabt, doch die zweifellos harte Strafstoßentscheidung zugunsten der Franzosen machte die Hoffnung auf einen Achtungserfolg zunichte.

Auf mexikanischer Seite erwies sich der wiedergenesene Stammtorhüter Carbajal als großer Rückhalt, konnte aber das 1:0 der Franzosen nicht verhindern. Der antrittsschnelle, aber ballverliebte Vincent ließ nach einer Vorlage von Ben Tifour zwei Gegenspieler aussteigen. Das unglückliche 0:2, eine mißlungene Rückgabe von Cardenas, war für die Mexikaner dennoch kein Grund zum Aufstecken. Sie forcierten das Tempo, wobei sich besonders der Halbrechte Naranjo als Regisseur und unermüdlicher Antreiber auszeichnete. Auch Mittelstürmer Lamadrid bewies mehrfach seine Gefährlichkeit und traf nach einem Fehler von Stopper Kaelbel zum Anschlußtreffer. Mit dem längst fälligen Ausgleichstor krönte Naranjo, bester der 22 Akteure, kurz vor Abpfiff seine Leistung. Pech für die Mexikaner, daß Vincent beim französischen Gegenangriff einen Verteidiger an die Hand schoß und der ansonsten zu eigensinnig agierende Kopa den Strafstoß verwandelte. Zwei mexikanische Spieler erwiesen sich als schlechte Verlierer und attackierten den Unparteiischen, der nur unter Polizeischutz den Platz verlassen konnte.

Bei ihrer dritten WM-Teinahme nach Uruguay (1930) und Brasilien (1950) landete die Mannschaft aus Mittelamerika zum dritten Mal auf dem letzten Vorrundenplatz. Die Voraussetzungen, unter denen Mexiko in der Schweiz antrat, waren allerdings bei weitem nicht optimal: Mit ihren Klubs kämpften die WM-Teilnehmer bis Ende April um die "Copa Mexico", vom Vollprofitum waren die Akteure aus dem Aztekenreich mit einem monatlichen Salär von maximal 500 Schweizer Franken noch weit entfernt. Frankreich dagegen schickte keine Mannschaft, sondern nur eine Auswahl guter Spieler ohne Bindung zur WM. "Der französische Fußball macht eine Krise durch: Seiner Nationalmannschaft fehlen Spieler von internationalem Format. Uns fehlen auch Männer mit Charakter", bemängelte die große Tageszeitung *Le Monde.*

Die Tabelle der Vorrunden-Gruppe 1:

1. Brasilien	2	Spiele	1	1	0	3:1 Punkte	6:1 Tore
2. Jugoslawien	2	Spiele	1	1	0	3:1 Punkte	2:1 Tore
3. Frankreich	2	Spiele	1	0	1	2:2 Punkte	3:3 Tore
4. Mexiko	2	Spiele	0	0	2	0:4 Punkte	2:8 Tore

Erfolgreichste Torschützen:
Didi und Pinheiro (beide Brasilien), 2 Tore

Höchste Zuschauerzahl:
45.000 in Lausanne (Brasilien - Jugoslawien)

Frankreichs zweiter Treffer gegen Mexiko war ein Eigentor von Cardenas. Da nutzt auch der Hechtsprung von Keeper Carbajal nichts mehr.

Gefährliche Szene vor dem Tor des türkischen Torstehers Turgay, der am 17. Juni vier deutsche Treffer kassiert.

Die Spiele der Vorrunden-Gruppe 2

Deutschland - Türkei 4:1 (1:1)
17. Juni, Bern

DEUTSCHLAND:	Turek; Laband, Kohlmeyer; Eckel, Posipal, Mai; Klodt, Morlock, O. Walter, F. Walter, Schäfer
TÜRKEI:	Turgay; Ridvan, Basri; Mustafa, Cetin, Rober; Erol, Suat, Feridun, Burhan, Lefter
Tore:	Schäfer (12.), Klodt (50.), O. Walter (65.), Morlock (84.) - Suat (2.)
Schiedsrichter:	J. Vieira da Costa (Portugal)
Linienrichter:	Szolt (Ungarn), Merlotti (Schweiz)
Zuschauer:	30.000

Für die deutsche Nationalelf war das Aufeinandertreffen mit der Türkei eine Art Generalprobe für ein erneutes Duell mit den Türken im Kampf um den Einzug ins Viertelfinale. Als gesetzte Mannschaft blieb den Spielern vom Bosporus die ungarische Wunderelf erspart, während es Sepp Herbergers Elf mit Ungarn statt Südkorea zu tun hatte. Für die Deutschen mußte also - die eigene Niederlage gegen Ungarn und einen türkischen Erfolg über Südkorea vorausgesetzt - ein Sieg her, um ein Entscheidungsspiel zu erzwingen. Dementsprechend hart ging es von Anfang an zur Sache, auf beiden Seiten. Der Unparteiische aus Portugal gab dabei eine schlechte Figur ab und vermochte es nicht, die Härten im Spiel durch konsequentes Eingreifen zu verhindern. Beim frühen Führungstreffer der Türken sah die deutsche Abwehr nicht gerade gut aus: Suat "tunnelte" Kohlmeyer und schickte Torhüter Turek in die falsche Ecke. Mit durchdachten Angriffen hielten die Deutschen dagegen und glichen zehn Minuten später durch Schäfer nach Paß von Morlock aus. In den verbleibenden Minuten der ersten Hälfte boten beide Teams den überwiegend aus Deutschland angereisten Zuschauern einen offenen Schlagabtausch: Die deutsche Elf glänzte durch spielerische Brillanz, während beim Gegner Einsatz und Härte die hervorstechenden Tugenden waren. Von der Chancenverteilung her hätten die Türken schon vor der Pause für sie Entscheidung sorgen können, doch sie wirkten im Abschluß zu unentschlossen.

Turgay bleibt Sieger im Zweikampf gegen Hans Schäfer. Morlock, Torschütze zum 4:1, verfolgt gespannt die Szene.

Als der antrittsschnelle Schalker Klodt nach einem Steilpaß enteilte und zum 2:1 für die Deutschen einschoß, hatte die Herberger-Elf endgültig ihren Rhythmus gefunden. Mittelstürmer Feridun wurde daraufhin in die Läuferreihe beordert, um die Kreise von Klodt einzuengen - ein taktischer Schachzug, der das türkische Angriffsspiel entscheidend schwächte. Einen schönen Spielzug über mehrere Stationen verwertete Ottmar Walter zum 3:1 - damit war der Widerstand der Türken endgültig gebrochen. Im Gefühl des sicheren Sieges schalteten die Deutschen einen Gang zurück, kamen aber dennoch durch einen Kopfball von Morlock nach Schäfer-Flanke zum vierten Treffer. Der Nürnberger krönte damit seine starke Leistung, die darin bestand, daß er das Spiel über die Flügel glänzend inszenierte.

Sepp Herbergers Taktik war voll aufgegangen: Seine Mannschaft hatte zumindest ein drittes Spiel erzwungen, setzte in spielerischer Hinsicht Akzente und sprühte vor Einsatzfreude. Die erste Hürde auf dem Weg zum späteren Triumph war genommen, zur Euphorie bestand nach diesem deutlichen Erfolg dennoch kein Anlaß. Auch wenn Bernie Klodt nach dem Türken-Spiel bereits das "magische" Wort in den Mund nahm und scherzte: "Wenn wir Weltmeister werden, springe ich mit den Kleidern kopfüber in den Thuner See."

Die "asiatische Mauer" kann Lantos nicht daran hindern, den Freistoß zum2:0 für die Magyaren zu versenken.

Ungarn - Südkorea 9:0 (4:0)
17. Juni, Zürich

UNGARN:	Grosics; Buzanszki, Lorant, Lantos; Bozsik,Szojka, Budai, Kocsis, Palotas, Puskas, Czibor
SÜDKOREA:	Hong ; Kyu Jong Park, Kang; Yae Seung Park, Min, Chu ; Chung, Il Kap Park, Sung , Woo, Choi Jung Min
Tore:	Puskas (12.), Lantos (17.), Kocsis (24./37./50.), Czibor (59.), Palotas (75./80.), Puskas (89.)
Schiedsrichter:	R. Vincenti (Frankreich)
Linienrichter:	Steiner (Österreich), von Guntem (Schweiz)
Zuschauer:	18.000

Die Frage nach dem Sieger dieser Begegnung stellte sich erst gar nicht, im Duell David gegen Goliath interessierte allein die Höhe des ungarischen Sieges. Dennoch: Die Sympathien galten dem krassen Außenseiter, der als Kanonenfutter gekommen war und dieser undankbaren Rolle in jeder Hinsicht gerecht wurde. "Wir glauben daß dieses Team aus dem fernen Osten von jeder schweizerischen Nationalliga-B-Mannschaft geschlagen würde", lautete das vernichtende, aber letztlich wohl zutreffende Urteil des Züricher *Sport.* Die Ungarn zeigten raffinierte Tricks, rasante Schüsse und technische Finessen, absolvierten nicht mehr als ein lockeres Trainingsspielchen. Sporadische Angriffe, kaum Torschüsse und nur ein einziger Eckball waren die Ausbeute der Gäste aus Asien, die sich nur zu Beginn des ungleichen Kampfes mit dem Mut der Verzweiflung der ungarischen Angriffsmaschinerie entgegenstellten. Nach zwölf Minuten war der Bann gebrochen und Ferenc Puskas eröffnete den Torreigen. Kurios der Treffer zum 3:0, der vom weit aus dem Tor geeilten Keeper Grosics eingeleitet wurde. Schönster Treffer des Tages war Kocsis' Fallrückzieher zum 4:0, das gleichzeitig den Halbzeitstand bedeutete. Gegen Ende der Begegnung spürten die Koreaner, deren Durchschnittsalter jenseits der Dreißig lag, die Spuren der Abwehrschlacht und einige von ihnen mußten mit Wadenkrämpfen eine "Auszeit" nehmen. "Bei einem Wadenkrampf massiert Buzanszki seinen am Boden liegenden Kameraden - ein Bild, das man an die Fernostkonferenz nach Genf senden sollte ...", schrieb der *Sport* zur fairen Geste eines Ungarn - ein Zeichen der Völkerverständigung ein Jahr nach dem Ende des Koreakrieges . Nach dem 7:0 durch Palotas gingen drei Südkoreaner gleichzeitig zu Boden, um ihre Krämpfe zu behandeln, die Partie mußte daraufhin unterbrochen werden. Weniger die beiden übrigen ungarischen Tore als vielmehr eine Durchsage vom Stadionsprecher sorgte schließlich für den größten Jubel auf dem Züricher Hardturm: Die Schweiz war in Lausanne nach 78 Minuten gegen Italien mit 2:1 in Führung gegangen.

Für die ihnen entgegengebrachte Aufmerksamkeit bedankten sich die Koreaner beim Publikum mit einer tiefen Verbeugung - sie hatten ihren Teil dazu beigetragen, daß die Partie "trotz ihrer grotesk wirkenden Einseitigkeit viele herrliche Spielzüge bot" *(Neue Zürcher Zeitung)* und dem Publikum einen unterhaltsamen Nachmittag bescherte. Letzterer war auch ein Verdienst von Ungarns Torhüter Grosics, dem bei einem seiner Ausflüge das Hosenband riß. Er kehrte ohne Unterteil in den Kasten zurück und wartete dort auf Ersatz - die Koreaner wußten die Gunst der Stunde jedoch nicht zu nutzen.

Ungarn - Deutschland 8:3 (3:1)
20. Juni, Basel

UNGARN:	Grosics; Buzanszki, Lorant, Lantos; Bozsik, Zakarias; Kocsis, Puskas, Toth, Hidegkuti, Czibor
DEUTSCHLAND:	Kwiatkowski; Bauer, Liebrich, Kohlmeyer; Posipal, Mebus; Rahn, Eckel, F. Walter, Pfaff, Herrmann
Tore:	Kocsis (3.), Puskas (16.), Kocsis (20.), Hidegkuti (50.), Hidegkuti (55.), Kocsis (68.), Toth (75.), Kocsis (79.) - Pfaff (25.), Rahn (79.), Herrmann (84.)
Schiedsricher:	W. Ling (England)
Linienrichter:	Griffiths (Wales), Schicker (Schweiz)
Zuschauer:	56.000

Beim Blick auf den Ausgang des WM-Turniers mag man kaum glauben, daß in Basel die beiden Endspielteilnehmer gegeneinander antraten. Im Grunde taten sie es auch nicht: Die deutsche Elf hatte die Begegnung von vornherein verloren gegeben und ging mit fünffachem Ersatz aufs Feld. Für Bundestrainer Sepp Herberger war diese Taktik bereits Monate vor dem Vorrundenspiel beschlossene Sache gewesen, an die Öffentlichkeit gelangte sie jedoch nicht. Es kursierten allenfalls Gerüchte über eine umdisponierte deutsche Mannschaft - die meisten der knapp 30.000 Zuschauer aus der Heimat kamen in dem festen Glauben, ein WM-Spiel allerhöchster Güteklasse im St.-Jakob-Stadion zu sehen. Dementsprechend heftig fiel die Reaktion nach Bekanntgabe der Mannschaftsaufstellung aus: Die deutsche Elf wurde gnadenlos ausgepfiffen, und das nahezu über die gesamte Spielzeit hinweg. Von Rückhalt durch die eigenen Landsleute konnte kaum die Rede sein, eher von einer Belastung.

Ungarns Elf dagegen zelebrierte Fußball in Vollendung. "Im ungarischen Angriffs-Stil ist eigentlich alles enthalten, was auch andere Nationen können: Die Eleganz und der Witz der Wiener, die Schnelligkeit und Unwiderstehlichkeit der Brasilianer, die mathematische Genauigkeit und Schönheit der Jugoslawen, die Sachlichkeit und Nüchternheit der Engländer", schwelgte ein Reporter des *Sport* in höchsten Tönen. Die Magyaren

Beim 3:8-Debakel im Baseler St. Jakob-Stadion brennt es häufig lichterloh vor dem Tor von Ersatzkeeper Heinz Kwiatkowski. In der Mitte wartet Ungarns Kocsis, links verfolgen Mebus und Liebrich die Abwehraktion des Dortmunders.

Bauchlandung! Puskas hat zwar den gestürzten Liebrich umspielt, ist aber dann selbst zu Fall gekommen - leichtes Spiel für Kwiatkowski.

boten dennoch einfachen Fußball: Alles ging leicht von der Hand, jeder Spieler konnte aufgrund seiner Fähigkeiten in jeder Situation machen, was er wollte. Manchmal wurde der Eindruck erweckt, als stünden 13 ungarische Akteure auf dem Platz. Es war immer Bewegung im Spiel, die Kunst des Freilaufens beherrschten Puskas & Co. perfekt. Unter diesen Voraussetzungen - ein übermächtiger Gegner gegen eine bessere Reserve-Mannschaft sowie gnadenlose Pfiffe von den eigenen Anhängern - ist die hohe Niederlage der deutschen Elf durchaus zu erklären.

Das Schicksal nahm schon früh seinen Lauf: Kocsis nutzte ein Mißverständnis zwischen Kwiatkowski und Bauer zum ersten seiner vier Treffer in dieser Partie. Als Puskas und erneut Kocsis schon nach etwa 20 Minuten eine 3:0-Führung herausgeschossen hatten, schalteten die Ungarn einen Gang zurück. Dadurch kam der Gegner besser ins Spiel und Pfaff verkürzte aus abseitsverdächtiger Position zum Pausenstand. "So aussichtslos ist es doch gar nicht" oder "Daraus kann leicht ein Unentschieden werden" - mit solchen und ähnlichen Sprüchen verbreiteten die deutschen Spieler in der Kabine Zweckoptimismus.

Das 4:1 von Hidegkuti nach einem Fehler von Kwiatkowski bedeutete die Entscheidung - und die Erkenntnis, daß der bemitleidenswerte Keeper von Borussia Dortmund gegen die

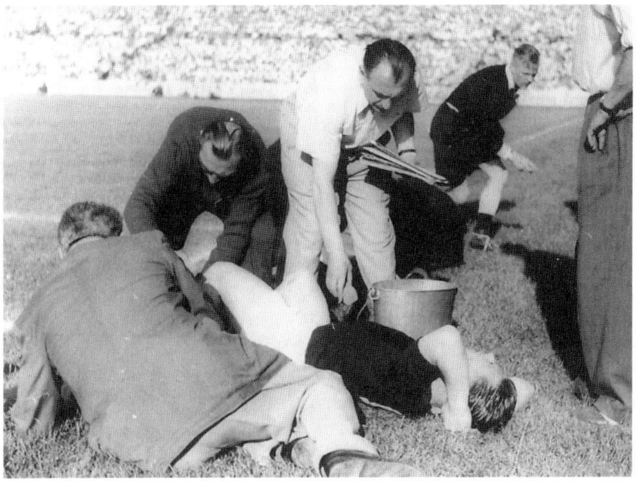

War das die Schlüsselszene des WM-Turniers? Ferenc Puskas liegt nach einem Zusammenstoß mit Liebrich am Boden und wird behandelt. Erst im Finale konnte der "Major" wieder auflaufen.

ungarische Angriffsmaschinerie einfach Fehler machen mußte. Schrecksekunde für die Ungarn, als Liebrich, der kurz zuvor schon nach einem Foul an Puskas verwarnt worden war, dem "Major" nach etwa einer Stunde einen Rempler versetzte. Dabei fiel Liebrich unglücklich auf den umgeknickten Knöchel des ungarischen Sturmdirigenten, der sich an der Seitenauslinie behandeln lassen mußte. Für Europas besten Fußballer war diese Partie beendet - erst im Endspiel stand er dem Turnierfavoriten wieder zur Verfügung.

Da sich auch Mebus verletzt hatte (Sehnenriß) und nur noch als Statist auf dem linken Flügel mitwirkte, war rein zahlenmäßig kein Team im Nachteil. Nach Kocsis' drittem Treffer (zum 6:1) machte sich Resignation bei den Deutschen breit, doch die Schluß-Viertelstunde mit zwei Treffern hellte die Mienen von Spielern wie Zuschauern wieder etwas auf. Die Tore von Rahn und Herrmann deckten Schwächen in der Deckung der Magyaren auf, die allerdings auf der gegenüberliegenden Seite das Dutzend hätten vollmachen können.

Die Zweiklassen-Gesellschaft auf dem Spielfeld beschieb der österreichische Sportjournalist Martin Maier wie folgt: "Da war ein Zweikampf Hidegkuti - Mebus. Der Ungar zog sich den Ball über den Kopf und fing ihn mit dem Fuß auf. Mebus rannte um Hidegkuti herum und attackierte ihn von der andern Seite. Da dreht sich Hidegkuti um und tupft sich den Ball zurück, und so rennt Mebus weiter, immer herum um Hidegkuti. Mebus kreiste wie der Mann, der um eine Litfaß-Säule rast und sich selbst einholen will. Je schneller Mebus rennt, desto schneller läuft ihm Mebus davon. Solche Sachen führen die Ungarn mit ihren Gegnern auf."

Türkei - Südkorea 7:0 (4:0)

TÜRKEI:	Turgay; Ridvan, Basri; Mustafa, Cetin, Rober; Erol, Suat, Necmettin, Lefter, Burhan
SÜDKOREA:	Hong; Kyu Jong Park, Kang; Han, Chong Kap Lee, Kim; Yung Keon Choi, Soo Nam Lee, Gi Choo Lee, Woo, Chung
Tore:	Suat (10.), Lefter (18.), Suat (30.), Burhan (38./63./70.), Erol (76.)
Schiedsrichter:	M. E. Marino (Uruguay)
Linienrichter:	Orlandini (Italien), Schönholzer (Schweiz)
Zuschauer:	4000

20. Juni, Genf

Zuschauer aus Südkorea? - Nein! Es sind die Akteure des WM-Neulings, die hier in Zürich die Partie zwischen Schottland und Österreich beobachten.

Eine Szene aus dem 7:2 der Deutschen über die Türkei. Hier lenkt Sükrü einen Schuß von Morlock zur Ecke.

Fritz Walter war an allen sieben Toren beteiligt - hier erzielt er Treffer Nummer fünf höchstpersönlich und zirkelt das Leder meisterhaft am Pfosten vorbei ins Netz.

Die Minuskulisse auf der Genfer Charmilles kam nicht unerwartet, standen sich doch zwei der schwächsten Teams dieser Weltmeisterschaft gegenüber. Die Koreaner besaßen in keiner Phase der Begegnung eine Chance gegen die Türken, trotzdem darf man ihnen zugute halten, sich nicht im eigenen Strafraum verbarrikadiert zu haben. Den Stürmern fehlte jedoch das Durchsetzungsvermögen - die kleinen Asiaten waren dem Gegner in körperlicher Hinsicht in keiner Weise gewachsen. Nach einer halben Stunde führten die drückend überlegenen Türken bereits mit 3:0, nur direkt nach der Halbzeit legten sie eine kleine "Kunstpause" ein. Die Südkoreaner konnten aufgrund ihrer technischen Mängel kein Kapital daraus schlagen und kassierten binnen einer Viertelstunde drei weitere Treffer. Dabei war Burhan, der mit Aufbauspieler Lefter auf der linken Seite prächtig harmonierte, zweimal nacheinander erfolgreich und brachte es somit auf drei Treffer in Folge - wegen der Halbzeitpause war dies allerdings kein lupenreiner Hattrick. Der Ehrentreffer blieb den Koreanern in letzter Minute versagt: Ein Freistoß von der Strafraumgrenze schoß deren Mittelstürmer weit über Turgays Tor. Für die Türken war dieses Trainingsspiel eine gelungene Einstimmung auf das Entscheidungsspiel gegen Deutschland, das drei Tage später stattfand.

Deutschland - Türkei 7:2 (3:1)
23. Juni, Zürich

DEUTSCHLAND:	Turek; Laband, Posipal, Bauer; Eckel, Mai, Klodt, Morlock, O. Walter, F. Walter, Schäfer,
TÜRKEI:	Sükrü; Ridvan, Cetin, Basri; Mehmet, Rober; Erol, Lefter, Necmettin, Mustafa, Coskun
Tore:	O. Walter (7.), Schäfer (12.), Morlock(31./60.), F. Walter 62.), Morlock (77.),Schäfer (79.) - Mustafa (22.), Lefter (84.)
Schiedsrichter:	R. Vincenti (Frankreich)
Linienrichter:	Faultless (Schottland), Dörflinger (Schweiz)
Zuschauer:	17.000

(Entscheidungsspiel)

Sepp Herbergers Rechnung ging auf: Mit einer Glanzleistung machte die deutsche Paradeformation die Kanterniederlage der "Reservisten" gegen Ungarn vergessen und erreichte das gesteckte Ziel, die Viertelfinalteilnahme. Die Türken machten es den deutschen Angreifern allerdings auch leicht: Die Hintermannschaft war in technischer und taktischer Hinsicht unbedarft, zudem mußte Stammtorhüter Turgay durch Sükrü ersetzt werden. Nach den frühen Gegentoren durch Schäfer und Ottmar Walter standen die Türken bereits mit dem Rücken zur Wand und hatten das Pech, daß ein zunächst gegebener Treffer von Necmettin wegen Abseitsstellung annuliert wurde (18.). Der Anschlußtreffer von Mustafa deckte Schwächen in der ohne Kohlmeyer (Zehverletzung) agierenden Deckung der Deutschen auf, bei denen besonders Posipal negativ auffiel. Wie in beiden Begegnungen zuvor wirkte er indisponiert und spielte gegen die Türken überhart. Experten erklärten sich Posipals Leistungstief durch das zermürbende Duell gegen Ungarns Spielmacher Puskas, das seine Moral angeknackst und ihm die nötige Sicherheit genommen habe. Nachdem Morlock einen Abwehrfehler kaltblütig ausgenutzt hatte, war der Widerstand der mit einfachen Mitteln spielenden Türken fast gebrochen. Als Stopper Cetin wegen einer Verletzung in der 50. Minute aus dem Spiel ging, brach die Elf vom Bosporus völlig zusammen. Die deutsche Angriffsmaschinerie lief auf Hochtouren, binnen 20 Minuten schoßen zweimal Morlock, Fritz Walter und der überragende Schäfer eine 7:1-Führung heraus. Mit raschen Ballwechseln, raumgreifendem Spiel über die Flügel und schnellen Variationen von Steil- und Querpässen rissen die Deutschen die gegnerische Deckung ein ums andere Mal auseinander. "So gut der deutsche Angriff war, so schwach war die deutsche Abwehr, ausgenommen vielleicht Eckel. Mit einer solchen Abwehr haben die Deutschen wohl keine Chance, weiterzukommen", lautete das Fazit eines Journalisten aus Istanbul. Er stand mit dieser Meinung nicht allein. Selbst Torhüter Turek ließ sich von Posipals schwacher Leistung gegen den trickreichen Necmettin anstecken. Von Euphorie war im deutschen Lager jedenfalls nicht die Rede, schließlich wartete in der Runde der letzten Acht mit Jugoslawien ein unangenehmer Gegner.

Die Tabelle der Vorrunden-Gruppe 2:

1. Ungarn	2	Spiele	2	0	0	4:0 Pkte	17:3 Tore
2. Deutschland	3	Spiele	2	0	1	4:2 Pkte	14:11 Tore
3. Türkei	3	Spiele	1	0	2	2:4 Pkte	10:11 Tore
4. Südkorea	2	Spiele	0	0	2	0:4 Pkte	0:16 Tore

Erfolgreichste Torschützen:
Kocsis (Ungarn) 7 Tore, Morlock (Deutschland) 4 Tore

Höchste Zuschauerzahl:
56.000 in Basel (Ungarn - Deutschland)

Die Spiele der Vorrunden-Gruppe 3

Beim Spiel zwischen Österreich und Schottland pariert hier Keeper Martin einen Schuß von "Austrias" Halbrechtem Schleger. Dazwischen Außenläufer Cowie, ganz rechts Cunningham.

Österreich - Schottland 1:0 (1:0)
16. Juni, Zürich

ÖSTERREICH:	Schmied; Hanappi, Barschandt; Ocwirk, Happel, Koller; R. Körner, Schleger, Dienst, Probst, A. Körner
SCHOTTLAND:	Martin; Cunningham, Aird; Docherty, Davidson, Cowie; McKenzie, Fernie, Mochan, Brown, Ormond
Tor:	Probst (32.)
Schiedsrichter:	L. Franken (Belgien)
Linienrichter:	Viana (Brasilien), Gulde (Schweiz)
Zuschauer:	25.000

Zwei grundverschiedene Stilarten trafen in dieser Begegnung aufeinander: Auf der einen Seite das durch Schnelligkeit, Kampf und hohen Körpereinsatz geprägte Spiel der Schotten, auf der anderen Seite die etwas behäbige Gangart der Österreicher, die in puncto Raffinesse und Spielwitz deutlich überlegen waren. Es dauerte eine Viertelstunde, ehe Österreich seiner Nervosität Herr wurde.

Bis zu diesem Zeitpunkt bestimmten die Schotten eindeutig das Spielgeschehen und imponierten durch eine gute Ballbehandlung sowie ein sehr frühes Attackieren des Gegners. Die Führung der Österreicher kam daher überraschend: Einen schulmäßig vorgetragenen Angriff über mehrere Stationen vollendete Probst nach Doppelpaß mit R. Körner. Nahezu unbeeindruckt von diesem Gegentreffer kämpften die Schotten weiter um jeden Meter, der verdiente Ausgleich blieb ihnen vor der Pause allerdings versagt.

Mit zunehmender Spieldauer zollten die Spieler von der britischen Insel ihrem hohen Einsatz Tribut und überließen dem Favoriten das Terrain. Torszenen waren auf beiden Seiten Mangelware, denn die österreichischen Stürmer scheiterten zumeist an ihren hart einsteigenden Gegenspielern. Ocwirk, der seine anfängliche Zurückhaltung ablegte und immer stärker das Angriffsspiel ankurbelte, sowie der "Allrounder" Hanappi zählten nach der Pause zu den Aktivposten im Austria-Team. Zu einer echten Klassepartie entwickelte sich das Geschehen am Züricher Hardturm jedoch nicht, dazu stand zu viel auf dem Spiel. Am Ende durften die Österreicher glücklich sein, daß Keeper Schmied in der Schlußminute einen Flachschuß von Mochan mit einem Reflex parierte und den sicheren Ausgleich verhinderte. Für die Schotten wäre das nicht unverdient gewesen, boten sie doch einen kultivierten Fußball und spielten - getreu typisch britischer Art - nicht einfach blind drauflos.

Uruguay- Tschechoslowakei 2:0 (0:0)
16. Juni, Bern

URUGUAY:	Maspoli; Santamaria, Martinez;Andrade, Varela, Cruz; Abadie, Ambrois, Miguez, Schiaffino, Borges
TSCHECHO-SLOWAKEI:	Rejman;Safranek, Novak; Trnka, Hledik, Hertl; Havlacek, Hemele, Kacani, Razicky, Pesek
Tore:	Miguez (70.), Schiaffino (83.)
Schiedsrichter:	A. E. Ellis (England)
Linienrichter:	Ling (England), Schicker (Schweiz)
Zuschauer:	28.000

Es war keine Galavorstellung, die der Weltmeister von 1950 zum Turnierauftakt im Wankdorfstadion zeigte. Gegen die unermüdlich kämpfenden Tschechoslowaken tat sich Uruguay über weite Strecken der Begegnung schwer, die Ballkünstler aus Südamerika schienen mit weniger Widerstand gerechnet zu haben. Die Taktik der Tschechen war einfach: Ein frühes Gegentor mußte vermieden werden, dazu bedurfte es einer massierten Deckung. Je länger der Favorit dem Führungstreffer hinterherlief, desto nervöser wurde er. Die "Urus" spielten in die Breite und versuchten sich in Fernschüssen, die in der Regel ihr Ziel deutlich verfehlten. Lediglich der trickreiche Schiaffino und Ambrois zwangen Rejman zu Glanztaten, während auf der Gegenseite Havlacek aus aussichtsreicher Position über das Tor schoß.

Auch nach dem Wechsel wurde selten mehr als Mittelfeldgeplänkel geboten, zeitweise erspielten sich die Tschechen sogar ein Übergewicht. Das Tor fiel jedoch auf der anderen Seite: Ein Mißverständnis in der Deckung nutzte Miguez und erlöste den zahlenmäßig kleinen, dafür aber umso stimmgewaltigeren

Spannung vor dem tschechoslowakischen Tor: Keeper Rejman klärt vor Uruguays heranspringendem Stürmerstar Schiaffino.

Anhang der Südamerikaner. Danach legte sich die nervöse Spannung auf Seiten des zweifachen Weltmeisters, und zwölf Minuten später zeigte Schiaffino - nach der WM sollte er für die Rekord-Ablösesumme von 300.000 Mark von Penarol Montevideo zum AC Mailand wechseln - seine außergewöhnlichen Qualitäten. Von der Strafraumgrenze aus zirkelte er den Ball mit einem Bogenschuß an der tschechischen Mauer vorbei ins linke obere Eck. Schiaffino gehörte ebenso wie Mittelläufer Varela , Linksaußen Borges und natürlich Läufer Andrade zu den Stützen der "Urus", während Stopper Hlavek aus der überzeugenden Hintermannschaft des Gegners herausragte.

Der beste Mann auf dem Platz war jedoch kein Spieler, sondern der englische Unparteiische Ellis, der nie auf die Schauspielereien der Ballkünstler aus Uruguay hereinfiel. "Es war einfach großartig, wie er stets auf der Höhe des Leders gewesen ist. Es wirkte daher für uns wohltuend, einmal einen Ref gesehen zu haben, der für keinen einzigen Entscheid ausgepfiffen wurde", lobte der *Sport.*

Uruguay - Schottland 7:0 (2:0)
19. Juni, Basel

URUGUAY:	Maspoli; Santamaria,Martinez; Andrade, Varela, Cruz; Abadie, Ambrois, Miguez, Schiaffino, Borges
SCHOTTLAND:	Martin; Davidson, Cunningham, Aird; Docherty, Cowie; McKenzie, Fernie, Mochan, Brown, Ormond
Tore:	Borges (17.), Miguez (31.), Borges (48.), Abadie (55.), Borges (58.), Miguez (82.), Abadie (83.)
Schiedsrichter:	V. Orlandini (Italien)
Linienrichter:	Wyßling und Guidi (beide Schweiz)
Zuschauer:	43.000

Beim 7:0 der "Urus" über die Schotten schoß Miguez zwei Tore. Martin faustet hier vergeblich dem Ball hinterher.

Österreichs Sturmführer Stojaspal setzt zum Schuß an, Pluskal (Tschechoslowakei) kommt zu spät.

Nach den Auftaktleistungen beider Teams - die Schotten hatten positiv überrascht, die Südamerikaner waren vieles schuldig geblieben - hatte man eine offene Partie erwartet. Am Ende der 90 Minuten hatte Uruguay die Kräfteverhältnisse wieder ins rechte Lot gerückt und die Akteure von der britischen Insel fast zu Fußball-Anfängern degradiert. "Gegenüber den leichtfüßigen, geschmeidigen Gegnern wirkten die Schotten wie Schwerarbeiter von schwerfälligem Habitus und mit matter Reaktion", schrieb der *Sport*. Die schottischen Deckungsspieler waren mental zu unbeweglich, besaßen keinen Vorausblick für die Spielzüge der "Urus" und scheiterten nicht zuletzt an ihrem Spielsystem, einer leicht auszumanövrierenden Dreier-Abwehrkette. Dazu kam ein Angriff, der sich mehr im Spiel in die Breite und in Querpässen übte als im direkten Drang zum Tor.

"Wie arm sind wir doch, wir müssen wieder von Grund auf Fußball spielen lernen", kommentierte ein Glasgower Journalist die blamable Vorstellung seines Teams. Ein Weiterkommen hätte die Schotten möglicherweise auch vor erhebliche Probleme gestellt: Die sparsame Verbandsführung hatte nur einen 13köpfigen Kader für das Turnier in der Schweiz nominiert.

Es dauerte nahezu eine Viertelstunde, ehe die "Urus" merkten, daß sie einen harmlosen Gegner vor sich hatten. Der schnelle Linksaußen Borges eröffnete den Torreigen, doch erst nach etwa 30 Minuten dominierte Uruguay den Gegner nach Belieben. "Wie durch Zauberschlag schienen die Schotten vom Feld gefegt zu sein", schrieb die *Neue Zürcher Zeitung* über den Angriffswirbel des amtierenden Weltmeisters. Mit einer Mischung aus Athletik und Artistik, mit Körpertäuschungen und Tempowechseln spielte er mit den bemitleidenswerten Schotten Katz und Maus. Die ersten beiden Tore entsprangen gekonnten Kombinationen, bei den Treffern Nummer sechs und sieben ließen Uruguays Stürmer ihre Gegenspieler wie Dilettanten aussehen. Die linken Flügel Abadie und Borges schossen im Zusammenwirken mit Mittelstürmer Miguez die Tore, wie sie wollten. Die Schilderung des 7:0 im *Sport:* "Diesmal entschließt sich Martin, ihm fast bis an die 16-m-Grenze entgegenzulaufen. Doch macht dies dem Stürmer keinen Eindruck. Ein kleiner Zwick, der Hüter liegt am Boden, und Abadie hat freie Bahn ins leere Tor."

Österreich - Tschechoslowakei 5:0 (4:0) 19. Juni, Zürich

ÖSTERREICH:	Schmied; Hanappi, Happel , Barchandt; Ocwirk, Koller; R. Körner, Wagner, Stojaspal, Probst, B. Körner
TSCHECHO-SLOWAKEI:	Stacho; Safranek, Pluskal,Novak; Trnka, Hertl; Havlacek, Hemele, Kacani, Pazicky, Kraus
Tore:	Stojaspal (2.), Probst (3./18./22.), Stojaspal (65.)
Schiedsrichter:	V. Stefanovic (Jugoslawien)
Linienrichter:	Dörflinger, Guide (beide Schweiz)
Zuschauer:	26.000

Unter den Augen von Hans Albers, der im Züricher Schauspielhaus gastierte, machten die Österreicher ihren Anspruch auf einen Platz im Halbfinale mit Nachdruck geltend. Nach drei Minuten war die Partie bereits entschieden, in der Folgezeit ließ das technisch versierte Austria-Team den Gegner nicht zu seinem Spielrhythmus finden. "Sie können verteufelt viel, diese Österreicher - im Guten wie im Bösen. Sie sind in feine Wolle gekleidete Schäfchen, aber unter dem zarten Pelz ist eine recht stachelige Haut verborgen", traute ihnen der *Sport* sogar eine Überraschung gegen das ungarische Wunderteam zu. Im Spiel gegen die harmlosen Tschechoslowaken wurde allerdings nicht offensichtlich, wo die Schwächen von Hanappi, Happel & Co. lagen. Die Vize-Weltmeister von 1934 hingegen spielten umständlich und agierten im Sturm gedanklich zu langsam, "alles, was sie machten, war zum Scheitern verurteilt" *(Neue Zürcher Zeitung).* Die Ursachen für die Rückentwicklung des tschechischen Fußballs lagen begründet u.a. in dessen Abschottung vom Westen und damit von neuen Impulsen (Freundschaftsspiele wurden nur gegen Polen, Bulgarien und Rumänien bestritten). Talente wie früher Nejedly, 1934 im Finale gegen Italien aktiv dabei und bei der WM in der Schweiz als Nationaltrainer fungierend, konnten sich daher nicht in dem erforderlichen Maß entfalten. Einzig Stopper Pluskal und Mittelstürmer Havlacek, der mit seinen Tricks das Publikum begeisterte, ragten aus einer mittelmäßigen Elf heraus.

Bei den Österreichern zahlte es sich aus, daß Stojaspal statt Dienst als Mittelstürmer aufgeboten wurde. Mit Probst, dem binnen 20 Minuten ein lupenreiner Hattrick gelang, machte er sich die Rolle des österreichischen Sturm-Dirigenten streitig. An seine starke zweite Hälfte vom Schottland-Spiel knüpfte Mittelläufer Ocwirk an, die "großzügige" Deckung durch die Tschechen bot ihm viel Raum für Dribblings und maßgenaue Pässe. Hier eine begeisterte Momentaufnahme des österreichischen Sportjournalisten Martin Maier: "Dieser Paß hatte genau das Tempo, das er haben mußte. Er war genau zur rechten Zeit abgegeben worden, er kam zur rechten Zeit an. Seine Flugkurve durfte so und nicht anders sein, gerade noch über den Köpfen des Gegners verlaufend und sich doch im richtigen Augenblick neigend. Der Ball hatte genau soviel Fälsche im Leibe, daß er den Bogen sauber ausflog und beim Aufspringen dem Probst richtig auf den Fuß sprang."

Die Tabelle der Vorrunden-Gruppe 3:

1. Uruguay	2	Spiele	2	0	0	4:0 Pkte	9:0 Tore
2. Österreich	2	Spiele	2	0	0	4:0 Pkte	6:0 Tore
3. Tschechoslowakei	2	Spiele	0	0	2	0:4 Pkte	0:7 Rore
4. Schottland	2	Spiele	0	0	2	0:4 Pkte	0:8 Tore

Beste Torschützen:
Probst (Österreich) 4 Tore, Miguez, Borges (beide Uruguay) 3 Tore

Höchste Zuschauerzahl:
43.000 in Basel (Uruguay - Schottland)

Die Spiele der Vorrunden-Gruppe 4

Italien - Schweiz 1:2 (1:1)
17. Juni, Lausanne

ITALIEN:	Ghezzi; Vincenzi, Tognon, Giacomazzi; Neri, Nesti; Muccinelli, Boniperti, Galli, Pandolfini, Lorenzi
SCHWEIZ:	Parlier; Neury, Flückiger, Bocquet; Kernen, Casali; Ballaman, Vonlanthen, Hügi, Meier, Fatton
Tore:	Boniperti (44.) - Ballaman (18.), Hügi (76.)
Schiedsrichter:	M. Viana (Brasilien)
Linienrichter:	Asensi (Spanien), Marino (Uruguay)
Zuschauer:	47.500

Der überraschende Ausgang der Begegnung machte deutlich, wie schwer der Heimvorteil bei einer Weltmeisterschaft wiegen kann. Vom "Triumph des Kampfgeistes" in einem "epischen Ringen" war im *Sport* die Rede - als unvergeßliche Fußball-Schlacht darf die Partie jedoch in keinem Fall bezeichnet werden, dazu stand sie in spielerischer Hinsicht auf zu niedrigem Niveau. Der erste Auftritt der Schweizer Elf hatte Lausanne in eine Stadt mit Festspielcharakter verwandelt: Überall hingen Flaggen und die Straßen waren voller Fans aus beiden Lagern. Ein Schweizer Journalist versuchte sich ob der herrlichen Szenerie am Genfer See als Belletristik-Autor und schrieb: "Über dem südöstlichen Stadionrand waren die Konturen der im zarten Dunst versinkenden Savoyer Alpen sichtbar, und der Seespiegel schimmerte in mattem Glanz milchiger Bläue."

Weniger emotional ging es auf dem grünen Rasen zu: Die Gäste spielten raumgreifend über die Flügel und waren den Schweizern gedanklich einen Schritt voraus, kassierten aber überraschend den ersten Gegentreffer. Bis zur Pause kam nur selten echter Spielfluß zustande, zu oft wurde die Partie wegen Foulspiels unterbrochen. Der Ausgleich zugunsten der Italiener war zwar verdient, aus Schweizer Sicht aber vermeidbar: Torhüter Parlier unterlief eine Hereingabe von Nesti, und Boniperti schoß unbehindert ein.

Für die "Squadra Azzurra" war dies das Zeichen zur Offensive: Bis zur 60. Minute diktierte sie das Tempo und beherrschte die Zweikämpfe. Das Schweizer Abwehr-Bollwerk hielt jedoch dem Ansturm der Italiener stand und mit zunehmender Spieldauer kaufte der Außenseiter dank seiner großartigen Kampfmoral dem gesetzten Favoriten den Schneid ab. Hügi machte das Unmögliche möglich und traf nach Vorlage von Fatton zum 2:1, nachdem sechs Minuten zuvor einem Treffer von Lorenzi wegen Abseitsstellung von Galli die Anerkennung versagt blieb. Wütende Proteste und zahlreiche Fouls der Italiener wa-

Der Schweizer Torhüter Parlier rettet vor Lorenzi, Stürmer der "Squadra Azzurra".

ren die Folge, Trainer Lajos Czeizler betrachtete die Begegnung als unentschieden und protestierte gegen die Aberkennung des zweiten Treffers. Die *Gazzetta dello Sport* ging mit den Akteuren des zweifachen Weltmeisters härter ins Gericht und ließ das - zurecht aberkannte - Abseitstor außer acht. "Wie kläglich stehen doch unsere großartigen 'Herren' da gegenüber einer solchen Amateurelf", kritisierte sie die Vorstellung ihrer Elf, die trotz der Feldüberlegenheit (Eckballverhältnis von 12:1) kein probates Mittel gegen die kämpferischen Qualitäten des Gegners besaß.

England - Belgien 4:4 (2:1, 3:3) n.V.
17. Juni, Basel

ENGLAND:	Merrick; Staniforth, Owen, Byrne; Wright, Dickinson; Matthews, Broadis, Lofthouse, Taylor, Finney
BELGIEN:	Gernaey; Dries, Carré, van Brandt; Huysmans, Mees; Mermans, Anoul, Coppens, Houf, P. van den Bosch
Tore:	Broadis (25.), Lofthouse (37.), Broadis (62.) , Lofthouse (92.) - Anoul (6./73.), Coppens (78.), Dickinson (94., Eigentor)
Schiedsrichter:	E. Schmetzer (Deutschland)
Linienrichter:	Buchmüller , Rufli (beide Schweiz)
Zuschauer:	21.000

Andererseits muß man den Belgiern zugute halten, daß sie einen Zwei-Tore-Rückstand aufgeholt und auch in der Verlängerung nach dem neuerlichen Rückstand sofort gleichgezogen haben. Das Fazit des *Sport* vermittelt etwas von der Dramatik der Begegnung: "In den 120 Minuten machten beide Teams Höhen und Tiefen durch, mußten sich beide durch bittere, finstere Engpässe winden und thronten beide zu ihrer Zeit auf einsamer Höhe." Das belgische Hoch dauerte anfangs nur kurze Zeit: Nach Anouls Führungstreffer erspielten sich die Engänder ein Übergewicht und diktierten etwa eine Stunde lang eindeutig das Geschehen. Überragend auf englischer Seite der Angriff, der durch variables und ideenreiches Spiel überraschte. Nicht allein der bereits 38jährige "Zauberer" Stan Matthews brillierte, auch Broadis überzeugte durch gekonnte Dribblings und nutzte den Freiraum, den ihm der Gegner ließ. Die Engländer agierten von der Spielanlage her ähnlich wie die Belgier und praktizierten statt der üblichen Manndeckung die Raumdeckung. Das 3:1 durch Broadis nach Vorarbeit von Matthews schien die Partie entschieden zu haben, doch Belgien glich binnen fünf Minuten aus. Maßgeblichen Anteil an dieser unerwarteten Wende hatte Rechtsaußen Coppens, der das erste Tor vorbereitete und das zweite selbst erzielte. Neben Coppens bot auch Huysmans eine exzellente Partie im Aufbau und imponierte durch einen großen Aktionsradius. Pech für die Engländer, daß die frühe

Das erste Tor der Belgier gegen England: Coppens paßt zu Anoul (Nr. 10), der vollstreckt.

Nach der deprimierenden 1:7-Niederlage der Engländer Ende Mai in Budapest gegen die ungarische "Wunderelf" hatten man den Spielern aus dem Mutterland des Fußballs nicht viel zugetraut. Das Spiel gegen Belgien zeigte jedoch, daß sie besser waren als ihr Ruf. Wenn überhaupt eine Mannschaft den Sieg in dem 120-Minuten-Thriller verdient gehabt hätte, dann sicherlich eher die Engländer.

Führung in der Verlängerung schon Sekunden später durch ein Eigentor - Dickinson köpfte über die fangbereiten Hände von Merrick hinweg - zunichte gemacht wurde. Das Unentschieden entsprach letztlich dem Spielverlauf, beide Teams waren in den letzten Minuten konditionell nicht mehr in der Lage, das Blatt zu ihren Gunsten zu wenden.

England - Schweiz 2:0 (1:0)
20. Juni, Bern

ENGLAND:	Merrick; Staniforth, McGarry, Byrne; Wright, Dickinson; Mullen, Broadis, Wilshaw, Taylor, Finney
SCHWEIZ:	Parlier; Neury, Bocquet; Kernen, Eggimann, Bigler; Antenen, Vonlanthen, Meier, Ballaman, Fatton
Tore:	Mullen (43.), Wilshaw (69.)
Schiedsrichter:	I. Szolt (Ungarn)
Linienrichter:	Stefanovic (Jugoslawien), da Costa (Portugal)
Zuschauer:	50.000

Die starken Auftaktleistungen beider Teams ließen eine hochklassige Partie imWankdorfstadion erwarten. Ob es an der Hitze oder an der Tagesform lag - sowohl England als auch die Gastgeber enttäuschten. Gerade den Schweizern hatte man zugetraut, nach der Energieleistung gegen Italien die Qualifikation für das Viertelfinale unter Dach und Fach zu bringen. Doch die Elf von Nationaltrainer Rappan wirkte müde und ausgebrannt, zeigte kaum mannschaftliche Geschlossenheit und wurde folglich vom eigenen Anhang zeitweise gnadenlos ausgepfiffen. Der *Sport* brachte es auf den Punkt: "Es fehlte die Schmierung, wie sie eine frische Elf jeweils aufzuweisen hat und die Unebenheiten glättet." Trotz des Sieges blieben auch die Engländer vieles schuldig und präsentierten sich als biedere, solide Handwerker. Routinier Matthews lief vermutlich wegen der großen Hitze erst gar nicht auf, auch Mittelstürmer Lofthouse, zweifacher Torschütze gegen Belgien, fehlte. Die Pausenführung der Engländer mußte als glücklich bezeichnet werden, denn die Schweiz dominierte zumindest in den ersten 20 Minuten eindeutig das Spielgeschehen. Mullen - er bildete zusammen mit Wilshaw den linken Flügel - nutzte einen Denkfehler vom Schweizer Verteidiger Kernen eiskalt aus.

Das erwartete Anrennen der Eidgenossen nach der Pause blieb aus: Englands robuste Deckung, allen voran Stopper Wright, ließ die gegnerischen Stürmer kaum zur Geltung kommen. Der gerade erst von einer Verletzung genesene Antenen konnte dem Schweizer Sturmspiel auch keine Impulse mehr geben, verletzte sich erneut und avancierte schließlich zum Buhmann für die Fans. Als er wenige Minuten vor Abpfiff eine klare Chance ausließ und daraufhin ausgepfiffen wurde, verließ er das Spielfeld vorzeitig - wegen Übelkeit. Auf der anderen Seite ergab sich ein ähnliches Bild - von durchdachtem Angriffsspiel wie gegen Belgien war nichts zu sehen. Symptomatisch für die englischen Stürmerleistungen, das auch das 2:0 nicht einer Kombination sondern einer guten Einzelleistung von Wilshaw entsprang. "Der Sieger hat schlecht gespielt, der Verlierer nicht besser. Es war eine schwache Partie, auf beiden Seiten, vorgetragen im Zeitlupentempo, ob man nun die Hitze oder einen anderen Umstand dafür verantwortlich machen will", lautete der vernichtende Kommentar des bekannten Londoner Sportjournalisten Dr. Willi Meisl.

Gefährliche Szene vor dem Schweizer Tor: Der Engländer Broadis wird hier durch das lange Bein von Neury um die Möglichkeit zum Kopfball gebracht.

Italien - Belgien 4:1 (1:0)
20. Juni, Lugano

ITALIEN:	Ghezzi; Magnini, Tognon, Giacomazzi; Neri, Nesti; Frignani, Cappello, Galli, Pandolfini, Loreni
BELGIEN:	Gernaey; Dries, Carré, van Brandt; Mees, Huysmans; H.van den Bosch, P. van den Bosch, Coppens, Anoul, Meermans
Tore:	Pandolfini (41., Foulelfmeter), Galli (49.), Frignani (58.), Galli (73.) - Anoul (81.)
Schiedsrichter:	E. Steiner (Österreich)
Linienrichter:	Schmetzer (Deutschland), Merlotti (Schweiz)
Zuschauer:	30.000

Vor heimischer Kulisse im "Stadio Communale" in Lugano - etwa 80 Prozent der Zuschauer kamen aus Italien - erzwang die "Squadra Azzurra" durch einen ungefährdeten Sieg über die enttäuschenden Belgier ein Entscheidungsspiel gegen die punktgleichen Schweizer. Das Gewinnen wurden den Italienern leicht gemacht: Dem Gegner steckten

Galli erzielt hier per Kopfball das 2:0 der Italiener gegen Belgien.

noch die 120 Minuten gegen England in den Knochen, die Hitze war zweifelsohne ein Vorteil für die Südländer, die natürlich auch das Publikum hinter sich glaubten. Als sie jedoch vor der Pause Chance um Chance "versiebten", quittierten dies die Tifosi mit Pfiffen auf offener Szene. Bezeichnend, daß der einzige Treffer nicht etwa nach einer gelungenen Kombination, sondern durch einen verwandelten Foulelfmeter erzielt wurde. Der Gegner beschränkte sich auf die Verteidigung, denn - so schrieb der *Sport* - "die belgischen Stürmer waren lendenlahm". Lediglich der Läufer Huysmans bemühte sich um ein effektives Aufbauspiel und war zusammen mit Torhüter Gernaey der beste Belgier. Beim Tor zum 3:0, das den Widerstand der "roten Teufel" endgültig brach, gab der Schlußmann allerdings eine unglückliche Figur ab.

In den verbleibenden 30 Minuten dominierten die Italiener nach Belieben und hätten nach Lattenschüssen von Cappello (83.) und Galli (88.) das halbe Dutzend vollmachen können.

Die Auftaktniederlage gegen die Schweiz und den glanzlosen Sieg von Lugano nahm die *Gazzetta dello Sport* zum Anlaß, erhebliche Zweifel an einem erfolgreichen Turnierabschneiden ihrer Elf zu äußern. "Alle Spieler aber lassen eine große Müdigkeit erkennen, herrührend von der unmenschlichen Länge der italienischen Meisterschaft" - keine guten Voraussetzungen für das erneute Aufeinandertreffen mit den Eidgenossen.

Schweiz - Italien 4:1 (1:0)
23. Juni, Basel
(Entscheidungsspiel)

SCHWEIZ:	Parlier, Neury, Bocquet; Kernen, Eggimann, Casali; Antenen, Vonlanthen, Hügi, Ballaman, Fatton
ITALIEN:	Viola; Magnini, Tognon, Giacomazzi; Mari, Nesti; Muccinelli, Segato, Lorenzi, Pandolfini, Frignani
Tore:	Hügi (13.), Ballaman (49.), Hügi (88.), Fatton (90.) - Nesti (67.)
Schiedsrichter:	B. M. Griffiths (Wales)
Linienrichter:	Ling (England), da Costa (Portugal)
Zuschauer:	35.000

Das Wellental, das Spieler wie Zuschauer des Gastgeberlandes durchschritten, erreichte im Baseler St.-Jakob-Stadion einen unerwarteten Gipfel. Mit begeisterndem Offensivfußball zog die Schweiz völlig verdient in die Runde der letzten Acht ein - und das, nachdem sie drei Tage zuvor in Bern noch gnadenlos ausgepfiffen worden war. Das Echo in der Presse war euphorisch. "Ihr habt mehr erreicht, als man euch zutraute", schrieb der *Sport*, "Die italienische Mannschaft erleidet Schiffbruch unter den Schlägen einer wunderbaren Schweiz", lautete der Titel im italienischen Tutto Sport ,während das französische Fachblatt *L'Equipe* behauptete:

"Die nicht zu bändigende Energie der Schweizer hat die squadra azzurra umgeworfen und eliminiert." Erinnerungen an die tolle Lei-

Nesti erzielt hier den Anschlußtreffer für die "Squadra Azzurra", die im Entscheidungsspiel mit 1:4 gegen die Gastgeber unterlag.

stung der Eidgenossen bei der WM 1938 wurden wach, damals warfen sie die deutsche Vertretung - ebenfalls im Wiederholungsspiel - im Achtelfinale aus dem Rennen.

Die Schweizer Mannschaft überzeugte in Abwehr wie Angriff, besaß in Verteidiger Neury, Dirigent Vonlanthen und Sturmspitze Antenen seine besten Kräfte. Der nach dem England-Spiel umstrittene Antenen war allerdings auch "der Pechvogel im Quadrat" *(Sport)*, weil er vier klare Torchancen ausließ und es somit verpaßte, als alleiniger Matchwinner das Spielfeld zu verlassen. Während das weiträumige Angriffsspiel der Eidgenossen die gegnerische Abwehr immer wieder vor Probleme stellte, trugen die Italiener ihre Angriffe über weite Strecken der Partie unkoordiniert vor und scheiterten folgerichtig am glänzend disponierten Schweizer "Riegel". Nur nach dem 2:1-Anschlußtreffer mußte die Schweizer Deckung einige kritische Momente überstehen und mußte bis kurz vor dem Schlußpfiff auf das erlösende 3:1, Hügis zweiten Treffer, warten. Vonlanthen leistete wie zuvor beim 1:0 und später beim 4:1 die Vorarbeit, er setzte seine Mitspieler mit viel Augenmaß wirkungsvoll in Szene.

Die fehlende Harmonie, der fehlende Mut zum Risiko auf Seiten der Italiener war nach Meinung eines *Sport*-Journalisten "Ausdruck einer morschen inneren Haltlosigkeit, eines überzüchteten, übertriebenen Professionalismus, einer ungesunden Vereinspolitik". Die *Gazzetta dello Sport* sparte nicht mit Vorwürfen an Trainer Lajos Czeizler und dessen Mannschaft: "Es war grotesk, mit alten taktischen Ideen und viel Überheblichkeit in die Schweiz zu reisen, offen in der Verteidigung und mit unausgeglichenen Stürmern. Das Spiel drückt in dramatischer Weise eine Situation aus, die vom moralischen und technischen Standpunkt aus saniert werden muß."

Die Tabelle der Vorrunden-Gruppe 4:

1. England	2	Spiele	1	1	0	3:1 Pkte	6:4 Tore
2. Schweiz	3	Spiele	2	0	1	4:2 Pkte	6:4 Tore
3. Italien	3	Spiele	1	0	2	2:4 Pkte	6:7 Tore
4. Belgien	2	Spiele	0	0	2	0:4 Pkte	5:8 Tore

Bester Torschütze:
Hügi (Schweiz) 3 Tore

Höchste Zuschauerzahl:
50.000 in Bern (England - Schweiz)

Die Bilanz der Vorrunde

Nach acht Weltmeisterschaft-Tagen trennte sich die Spreu vom Weizen - für acht der 16 Teams lebten die Titelkämpfe nur noch in der Erinnerung. Mit Frankreich, Italien und der an die Stelle Spaniens getretenen Türkei blieben gleich drei gesetzte Mannschaften auf der Strecke, das Ausscheiden des verbleibenden Quintetts mit Mexiko, Südkorea, der Tschechoslowakei, Schottland und Belgien kam keiner Überraschung gleich. Das Setzen vermeintlich leistungsstarker Mannschaften und der umstrittene Spielmodus wirkten sich letztlich nicht nachteilig auf die Auswahl der letzten Acht aus: In den beiden fälligen Entscheidungsspielen setzte sich jedesmal die Überraschungself gegen den Gesetzten durch. Nicht auszudenken, wie es bei einem Ausscheiden der Schweiz (und der Viertelfinalqualifikation Italiens) oder bei einer deutschen Niederlage im zweiten Spiel gegen die Türken massive Proteste gegen den Spielmodus gehagelt hätte. Die Deutschen beispielsweise hatten nicht gegen den Punktlieferanten Südkorea gespielt, die Türken gingen einer sicheren Niederlage gegen die ungarische Wunderelf aus dem Wege - beim Anwenden des Punkte-Systems (jeder gegen jeden) wäre die Frage nach dem Zweitplazierten erst gar nicht aufgekommen. So aber hätten mit etwas Glück Italien und die Türkei weiterkommen können, ohne gegen den gesetzten Gruppenfavoriten gespielt zu haben.

Alle Welt setzt auf Ungarn

Die Frage nach dem Weltmeister konnte nach den Vorrundenspielen nur mit Ungarn beantwortet werden. Eine schwedische Zeitung - demnach ein neutraler Beobachter - schwärmte vom "ungarischen Csardas, vorgeführt von Meisterdirigent Hidegkuti und einem Orchester, um das die (Fußball-)Welt Gustav Sebes beneidet", warnte aber "im Hintergrund warten Uruguayer und Österreicher, und auch die Jugoslawen, die still und ziemlich unbeobachtet ihres Weges gehen, haben noch nicht das letzte Wort gesprochen". Kein Wort von der deutschen Mannschaft, die zumindest ebenso still und unbeobachtet wie ihr Viertelfinalgegner Stück für Stück dem großen Triumph näherkam. Selbst das *Sport-*

Entscheidungsspiel Deutschland - Türkei (7:2). Berni Klodt läuft seinem Bewacher Basri davon. Die Türkei war in diesem Spiel chancenlos.

Magazin aus Nürnberg rechnete nicht mit einem Einzug ins Halbfinale und hielt große Stücke auf die Jugoslawen. Ein Journalist aus der Türkei traute den Deutschen gar nichts zu und führte einen hypothetischen Vergleich an, der schließlich Realität werden sollte. "Aber wer würde es wagen, den Deutschen (auch mit der ersten Garnitur) gegen diese 'Zauberer' ein besseres Resultat als das übrigens mehr als schmeichelhafte 3:8 zuzugestehen", sagte er - vielleicht im Zorn über das Ausscheiden der eigenen Mannschaft.

Frankreich und Italien enttäuschten

Im Gegensatz zu anderen Mannschaften verkaufte sich die Türkei nicht unter Wert und überzeugte zumindest in kämpferischer Hinsicht. Die tschechoslowakischen Staatsamateure hingegen blieben in ihrer Entwicklung, stehen , spielten nüchtern und phantasielos, die Franzosen präsentierten sich als ein zusammenhangloser Haufen von Individualisten, "der sich weniger um das nächste zu bestreitende Spiel als um das Hotel sorgte, wo er absteigen muß" *(Le Monde)*, die Italiener scheiterten an ihrem taktischen Unvermögen und an einer hoch motivierten Vertretung des Gastgeberlandes. Weniger Vorwürfe müssen sich Schotten und Belgier machen, bestritten sie doch immerhin eine gute Partie (gegen Österreich bzw. England), bevor sie bei ihrem zweiten Auftritt kläglich einbrachen. Bei den Mexikanern merkte man, daß taktische Unerfahrenheit nicht durch technische Begabung ausgelichen werden konnte - die geographisch bedingte Isolation stand einer fußballerischen Weiterentwicklung im Wege.

Angriffsfußball pur

Die Spiele der Vorrunde waren aber vor allem eine Demonstration von Angriffsfußball par excellence - 92 Tore in 18 Spielen, das sind im Schnitt fünf Tore pro Begegnung, sprachen Bände. Nicht allein die fußballerischen Qualitäten der acht Spitzenteams, die pro Spiel im Schnitt 3,6 Treffer erzielten, sorgten für die Torflut. Schwache Teams wie Südkorea oder die Türkei luden den Gegner geradezu zum Toreschießen ein, so daß besagte Gruppe 2 mit acht Toren pro Spiel denn auch eine bei keiner Weltmeisterschaft mehr erreichte Rekordquote verbuchte. Die Teilnahme der eifrigen Asiaten setzte dennoch ein Zeichen: Mannschaften aus Fußball-"Entwicklungsländern" wurde bei einem solchen Ereignis die Möglichkeit zum Lernen geboten, was die Internationalität des Fußballs auf lange Sicht nur steigern konnte.

Vorrundenspiel Österreich - Schottland (1:0). Österreichs Halblinker Probst (in Weiß) erzielt gerade das entscheidende Tor. Der schottische Torhüter Martin und Aird (Nr. 3) können den Treffer nicht mehr verhindern.

Die Viertelfinal-Spiele

Österreich - Schweiz 7:5 (5:4)
26. Juni, Lausanne

ÖSTERREICH:	Schmied; Hanappi, Happel,Barschandt; Ocwirk, Koller; R. Körner, Probts, Stojaspal,Wagner, A. Körner
SCHWEIZ:	Parlier; Neury, Bocquet; Kernen, Eggimann, Casali; Antenen,Vonlanthen, Hügi, Ballaman, Fatton
Tore:	Wagner (25.), A. Körner (26.), Wagner (27.), Ocwirk (32.), A. Körner (33.), Wagner (53.), Probst (76.) - Ballaman (15.), Hügi (16./18.), Ballaman (38.), Hügi (57.)
Schiedsrichter:	E. Faultless (Schottland)
Linienrichter:	Schmetzer (Deutschland), Asensi (Spanien)
Zuschauer:	37.000

Hügi schießt den Ball an Hanappi vorbei ins Netz. Trotz dreier Tore des Mittelstürmers langte es nicht zum Schweizer Sieg.

Was sich im "Stade Olympique" von Lausanne abspielte, war alles andere als ein normales Fußballspiel. Zwölf Tore bei einer Weltmeisterschaft, noch dazu im Viertelfinale - niemals vorher und niemals nachher wurden beim einem WM-Spiel binnen 90 Minuten mehr Tore geschossen. "Zwei Mannschaften hatten den Schneid aufgebracht, mit fliegenden Fahnen unterzugehen", schrieb der *Sport*. Von der 15. bis zur 38. Minute fielen neun Tore - im Schnitt also ein Tor alle 150 Sekunden. Mehr kann von einem Fußballspiel nicht erwartet werden. In ihrer besten Phase, "die wirklich einzig dasteht in den Annalen des Schweizer Fußballs" *(Sport)*, schossen die Eidgenossen einen 3:0-Vorsprung heraus und versetzten ihr Publikum in einen deliriumähnlichen Zustand. Nach dem kräftezehrenden Match drei Tage zuvor gegen Italien glaubten die Schweizer nach 20 Minuten schon, den Sieg "in der Tasche" zu haben. Innerhalb von 120 Sekunden wurden sie brutal aus ihren Träumen vom Weiterkommen gerissen, erlebten einen Alptraum. Nachdem Wagner verkürzt und A. Körner nachgelegt hatte, stand die Mannschaft des Gastgeberlandes unter Schockwirkung. Vor allem Torhüter Parlier war nicht er selbst und "an diesem Samstagabend völlig vom Kriegsglück verlassen" *(Sport)*. Der tolle Angriffsfußball, den die Schweizer in der Anfangsphase gezeigt hatten, war auf einmal vergessen. Als Ocwirk und A. Körner mit einem Doppelschlag für den österreichischen Zwei-Tore-Vorsprung sorgten, schien die

Jahrhundertspiel im Viertelfinale zwischen Österreich und der Schweiz. Während Antenen (Nr. 15) vor Freude hüpft, schauen die Österreicher Happel (links, vor Hügi) und Schmied dem Leder verdutzt hinterher.

Der kleine Schweizer Casali (r.) will Stojaspal stoppen, Neury (Mitte) braucht nicht mehr einzugreifen.

Partie schon verloren. Ballamans Anschlußtreffer und der von R. Körner verschossene Elfmeter - Bocquet hatte Stojaspal umgerissen - ließ noch einmal Hoffnung aufkeimen. "Wie ein Alpaufzug ertönt es, als die Schweizer Mannschaft aufs Terrain tritt" *(Sport)*- kein eidgenössischer Anhänger gab die Partie zu Beginn der zweiten Hälfte verloren. Mit seinem dritten Treffer - aus einer deutlichen, vom Linienrichter sogar angezeigten Abseitsstellung heraus - versetzte Wagner dem Gegner einen Knacks. Hügi traf zum 5:6 - schon war die Moral der Mannschaft wieder intakt. Mit entblößter Deckung sollte der Ausgleich erzwungen werden, doch die Risikofreudigkeit rächte sich: Das alles entscheidende Tor fiel auf der Gegenseite. Die körperliche und geistige Frische fehlte den Schweizern in der Schlußphase, um sich ein drittes Mal gegen das drohende Schicksal aufzubäumen.

Plausible Erklärungen, warum es zu einem solchen "Jahrhundertspiel" kommen konnte, gab es kaum. Die Schweizer spielten einfach herzerfrischenden Angriffsfußball und trafen dabei auf eine österreichische Deckung, in der Happel "steif wie ein Bock" *(Sport)* wirkte und auch Hanappi und Barschandt von den Schweizer Stürmern mehrfach wie Anfänger stehengelassen wurden. Eines der größten Kuriosa der Partie war jedoch der Zustand von Torhüter Schmied, der offensichtlich an einem Sonnenstich litt und nach den ersten 45 Minuten wankenden Ganges das Spielfeld verließ. Von der 3:0-Führung des Gegners habe er nichts gewußt, ebenso kannte er den Ausgang des Spiels gar nicht. "Er wußte nur, daß er ein schreckliches Ereignis hinter sich hatte, dessen furchtbare Konturen verschwammen", schrieb der österreichische Journalist Martin Maier. Schmied sprang nach Bällen, dirigierte die Mauer und führt den Abstoß aus, als wenn er bei vollem Bewußtsein gewesen wäre ("geheimnisvolle Impulse regierten sein Handeln"). Das Ausscheiden hat der allgemeinen Zufriedenheit mit dem Abschneiden der Schweizer Mannschaft keinen Abbruch getan, denn letztere hat attraktiven Fußball geboten und sich im Konzert der Großen hervorragend verkauft.

Uruguay - England 4:2 (3:1)
26. Juni, Basel

URUGUAY:	Maspoli; Santamaria,Martinez;Andrade, Varela, Cruz; Abbadie, Ambrois,Miguez, Schiaffino, Borges
ENGLAND:	Merrick; Staniforth, Byrne; McGarry, Wright, Dickinson; Matthews, Broadis, Lofthouse,Wilshaw, Finney
Tore:	Borges (5.), Varela (39.),Schiaffino (47.), Ambrois (77.) -- Lofthouse (16.), Finney (68.)
Schiedsrichter:	E. Steiner (Österreich)
Linienrichter:	Orlandini (Italien), Stefanovic (Jugoslawien)
Zuschauer:	25.000

Maspoli (l.) und Martinez am Boden - sie können den Schuß von Lofthouse (zum 1:1-Ausgleich) nicht mehr verhindern.

Zwei Engländer, Byrne und Dickinson, nehmen Uruguays Ambrois in die Zange.

Der Titelverteidiger gegen die Vertreter aus dem Mutterland des Fußballs - wer diese Konstellation als Garant für eine hochklassige Partie betrachtete, wurde enttäuscht. Die "Urus" spielten zwar besser als es ihr Ruf erwarten ließ, "aber andererseits vielleicht doch wieder nicht so gut, wie man auf Grund ihres Kantersieges gegen die armen Schotten hätte meinen können" *(Sport)*. Die wichtigen Tore für die Südamerikaner - zum 2.1 und zum 3:1 - fielen jeweils zu einem für die Engländer psychologisch ungünstigen Augenblick. Hätten die "Urus" nicht direkt nach Wiederanpfiff auf 3:1 erhöht, wäre es ihnen schwer gefallen, einen Ein-Tore-Vorsprung über die Zeit zu retten. Was dem amtierenden Weltmeister fehlte, war die letzte Spritzigkeit und die Leichtfüßigkeit, die südamerikanische Teams gemeinhin auszeichnet. Den Zuschauern präsentierte sich ein Ensemble von Schwerarbeitern "Typus Nationalturner" *(Sport)*, keinesfalls ein zusammengewürfelter Haufen von virtuosen Solisten. Uruguay kontrollierte über weite Stecken der 90 Minuten das Geschehen, obwohl die Engländer rein optisch nach der Pause überlegen waren. Was Andrade & Co. jedoch auszeichnete, war ihre Fähigkeit, das hohe Tempo des Gegners etwas zu drosseln. Die Stürmer hielten den Ball lange, streuten scheinbar überflüssige Querpässe ein und stoppten so "die Kadenz des englischen Angriffsspiels" *(Sport)* immer wieder aufs Neue.

Englands Stürmer hingegen suchten zu sehr den Weg durch die Mitte und vernachlässigten das Spiel über die Flügel, wo Matthews nach seiner Pause im Schweiz-Spiel eine gute Partie lieferte. In der Deckung hielten sich Licht und Schatten die Waage: Einem überragenden Kapitän Billy Wright, der die Stopperrolle glänzend ausfüllte, stand ein schwacher Torhüter Merrick gegenüber. Auch konnten

Turbulente Szene vor Uruguays Tor: Maspoli boxt den Ball vor Lofthouse aus der Gefahrenzone, Andrade (l.) schaut zu.

die Briten keinen Nutzen daraus ziehen, daß Uruguay nach der Pause zumindest einen Totalausfall zu verzeichnen hatte. Varela, der bis dahin im Deckungszentrum eine gute Partie geliefert hatte, wurde kurz vor der Halbzeit vom Platz getragen, kehrte dann noch einmal mit einem dicken Oberschenkel-Verband zurück und absolvierte die restlichen Minuten als hinkender Statist. Da auch Rechtsaußen Abbadie und der Halbrechte Andrade gehandicapt waren, hatte es England praktisch nur mit neuneinhalb Gegnern zu tun.

In puncto Fairness gaben die Spieler aus Übersee keine Vorbilder ab: Sie fielen durch häßliche Fouls auf, ließen sich zuweilen theatralisch fallen und schossen oft unnötig den Ball weg. Unrühmlicher Höhepunkt der zahlreichen Zweikämpfe war eine Auseinandersetzung zwischen Lofthouse und Martinez, in dessen Verlauf der "Uru" vorsorglich auf dem Rasen "abtauchte". Ein erhitzter Fan der Siegerelf wollte eine Tätlichkeit gesehen haben und stürmte daraufhin das Spielfeld.

Ein Großteil der Zuschauer im Baseler Stadion St. Jakob verfolgte das Geschehen auf dem grünen Rasen weniger emotionsgeladen. Zur gleichen Zeit fand in Lausanne der Thriller zwischen den Eidgenossen und Österreich statt, und als die Kunde von der überraschenden Führung nach Basel drang ("dicki Poscht us Lausanne: d'Schwyz füehrt 3:0"), wurde das Spielfeld angesichts des überschäumenden Jubels auf der Tribüne kurzzeitig zum Nebenschauplatz.

Deutschland - Jugoslawien 2:0 (1:0)
27. Juni, Genf

Vor dem Turnier in der Schweiz tippte kaum jemand darauf, daß die deutsche Vertretung das Halbfinale erreichen würde. Nicht einmal

DEUTSCHLAND:	Turek; Laband, Kohlmeyer; Eckel, Liebrich, Mai; Rahn, Morlock, O.Walter, F. Walter, Schäfer
JUGOSLAWIEN:	Beara; Stankovic, Crnkovic; Cajkovski, Horvat, Boskov; Milutinovic, Mitic, Vukas, Bobek, Zebec
Tore:	Horvat (10., Eigentor), Rahn (87.)
Schiedsrichter:	I. Szolt (Ungarn)
Linienrichter:	Francken (Belgien), Buchmüller (Schweiz)
Zuschauer:	20.000

die Experten aus dem eigenen Lande trauten der Elf von Sepp Herberger einen Sieg über die Jugoslawen zu. Anläßlich der Olympischen Spiele 1952 in Helsinki hatte der Bundestrainer erklärt: "Jugoslawien ist in der Läuferreihe, durch Cajkovski und Boskov, mehr aber noch durch den Sturm so stark, daß die Mängel der Verteidigung nicht auffallen, natürlich auch, weil Torwart Beara so große Klasse ist." Zwei Jahre später hatten sich die Vorzeichen, speziell im Angriff der Jugoslawen, geändert - am Ende der 90 Minuten auf der Genfer Charmilles trugen die deutschen Fans ihre Helden auf den Schultern vom Platz, nachdem fast bis zur letzten Minute um das Weiterkommen gezittert werden mußte. Es war ein verdienter, aber dennoch glücklicher Sieg der Deutschen.

Jugoslawiens Torwart Beara "beschwört" den Ball vergeblich: Mit einem Eigentor bringt der hart bedrängte Horvat die deutsche Mannschaft in Führung.

Kohlmeyer (l.) klärt auf der Linie, nachdem Turek schon ausgespielt ist. Laband (Nr. 2) schaut abwehrbereit zu.

In der Halbzeit schienen die deutschen Spieler noch nicht von ihrem Viertelfinalsieg überzeugt. Die ernsten, verschlossenen Mienen sprechen Bände.

Der frühe Führungstreffer fiel nach einer Hereingabe von Morlock, die der jugoslawische Stopper Horvat rückwärts über den hinauslaufenden Keeper Beara ins eigene Netz köpfte. Es folgten 70 Minuten, in denen die Jugoslawen pausenlos anrannten. Sie führten die "feinere Klinge" *(Neue Zürcher Zeitung)*, brillierten durch eine gute Technik und geschickte Täuschungsmanöver. Die "Jugos" scheiterten letztlich aber an ihren umständlich und zu zaghaft vorgetragenen Angriffen sowie einer sattelfesten deutschen Deckung, aus der Kohlmeyer herausragte. Mehrfach rettete der Lauterer für den bereits geschlagenen Turek, der ebenfalls zu den "Vätern" des Sieges zählte. "Ungeheuerlich, ganz unvorstellbar der Dynamismus, die Vitalität, kaltschnäuzige Entschlossenheit dieses fast rötlichen Blondschopfs, ganz magistral auch sein Kopfballspiel" - ginge es nach dem *Sport*, hatte Werner Kohlmeyer gegen die Jugoslawen das Spiel seines Lebens bestritten. Nicht allein die starke Leistung der Abwehr, in der Liebrich den formschwachen Posipal ersetzte, war für den deutschen Sieg verantwortlich. Der Angriff imponierte durch eine optimale Arbeitsaufteilung und wurde von Fritz Walter großartig dirigiert. Der Kapitän bot eines seiner besten Spiele im Nationaldress und ging trotz seiner 34 Jahre das hohe Tempo mit. Überhaupt hatte man nach der Pause den kräftemäßigen Einbruch der Deutschen erwartet - die Müdigkeit befiel jedoch die Spieler beider Teams gleichermaßen. Für Jugoslawien, dessen treibende Kraft Cajkovski war ("der kleine ungekrönte König auf dem Spielfeld", schrieb der *Sport*) , wirkte sich der verletzungsbedingte Ausfall von Vukas (ab der 50. Minute) negativ aus. Lediglich Milutinovic wußte, abgesehen von seiner Zweikampfschwäche, zu überzeugen, während Mitic und Bobek für ein derartiges Spiel einfach zu langsam waren. Mitic war vor der Partie für sein 50. Länderspiel geehrt worden, Zebec und Boskov trugen zum 25. Mal das jugoslawische Nationaltrikot.

Mit dem überraschenden Einzug in die Runde der letzten Vier bestätigte Sepp Herberger, der übrigens im Viertelfinale lieber gegen die Brasilianer angetreten wäre ("die kennen uns nicht") seinen Ruf als genialer Stratege unter den Trainern. Es paßte ins Bild, daß er den Halbfinalgegner Österreich beim grandiosen 7:5 über die Schweiz - rein zufällig - bereits unter die Lupe genommen hatte.

Ungarn - Brasilien 4:2 (2:1)
27. Juni, Bern

Eine Partie, die im Vorfeld als vorweggenommenes Finale betrachtet wurde, entwickelte sich zum größten Skandalspiel der Weltmeisterschaft. Beide Mannschaften überschritten in puncto Fairness bewußt die Grenzen des Erlaubten, wobei die Brasilianer letztlich an ihrem eigenen ungezügelten Temperament scheiterten. "Sie benahmen sich wie Irrenhäusler", schrieb der *Sport* und meinte damit vor allem das Ausrasten der Südamerikaner in der Schlußphase und die Prügelei nach Spielende. Humberto sah "Rot", nachdem er den Gegner von hinten angesprungen hatte, der ungarische Delegationschef Sebes sowie einer seiner Mitarbeiter wurden in den Katakomben von Wurfgeschossen getroffen und erlitten Gesichtsverletzungen. Der "Schwarze Peter" lag allerdings nicht ausschließlich auf Seiten der Brasilianer, denn auch die Ungarn waren "mit Pauken und Trompeten durch die sportliche Fairnessprüfung gerasselt" *(Neue Zürcher Zeitung)*. Sie agierten überhart, attackierten den Gegner bewußt und verscherzten sich so die Sympathien des Publikums. Es war "ein Schlag ins Gesicht der Sportlichkeit"

UNGARN:	Grosics; Buzanszki, Lorant, Lantos; Bozsik, Zakarias; M. Toth, Kocsis, Hidegkuti, Czibor, J. Toth
BRASILIEN:	Castilho; D.Santos, N. Santos; Pinheiro, Brandaozinho, Bauer; Julinho, Didi, Indio, Humberto, Maurinho
Tore:	Hidegkuti (4.), Kocsis (6.), Lantos (61., Foulelfmeter), Kocsis (87.) - D. Santos (18.,Foulelfmeter), Julinho (66.)
Rote Karten:	Bozsik (70.) N. Santos (70.), Humberto (90.)
Schiedsrichter:	A. E. Ellis (England)
Linienrichter:	Ling (England), Wyßling (Schweiz)
Zuschauer:	50.000

(Sport), ein Fußballspiel der Extraklasse ging mit einem bitteren Nachgeschmack in die Annalen ein.

In der Anfangsphase schienen die Brasilianer von allen guten Geistern verlassen zu sein, erst nach dem zweiten Gegentor fanden sie zu ihrem Spiel. Mit schnellen Flügelläufen und verwirrenden Dribblings, insgesamt jedoch ungeordnet vorgetragenen Angriffen, stellten sie die an diesem Tage verwundbaren Ungarn vor Probleme. Was den Brasilianern jedoch fehlte, war der Zusammenhang in der Mannschaft: Die Ballvirtuosen vom Zuckerhut beherrschten ihren Solopart souverän, nutzten aber aufgrund des schwach ausgeprägten Kombinationsspiels ihr spielerisches Potential kaum aus. Zudem war ihnen der Wettergott nicht gerade freundlich gesonnen, der vom Regen rutschige Boden war "Gift" für die Südamerikaner.

Die ungarische Wunderelf glänzte zwar nicht, bot aber den "besseren orchestralen Zusammenhang" *(Neue Zürcher Zeitung)* und imponierte durch raumgreifendes Flügelspiel. Der immer noch verletzte Dirigent Ferenc Puskas konnte allerdings durch Czibor längst nicht vollwertig ersetzt werden. Ab der 43. Minute hatten die Ungarn mit einem zusätzlichen Handicap zu leben: Rechtsaußen J. Toth zog sich eine Zerrung zu und wirkte in der Folgezeit nur noch als Statist mit.

In den letzten 20 Minuten war die Partie an Turbulenzen kaum zu überbieten: Nach Julinhos Anschlußtreffer gerieten erst einmal Bozsik und N. Santos aneinander, ignorierten aber die Versöhnungsaufforderung des Unparteiischen und wurden vom Feld geschickt. In der 75. Minute traf Humberto nur den Pfosten, wenig später rettete das Holz nacheinander bei Schüssen von Didi und Indio. Der von Kocsis erfolgreich abgeschlossene Entlastungsangriff brachte das Faß bei den Brasilianern vollends zum Überlaufen - eine zweite Rote Karte (gegen Humberto) war die Folge. Die Handgreiflichkeiten nach Spielende führten sogar dazu, daß die Ungarn eine für den 12. Juli geplante Gastspielreise nach Brasilien absagten.

Gefahr vor dem Tor der Brasilianer: Keeper Castilho stürzt dem Ball nach, während Verteidiger N. Santos den Ungarn Toth abblockt.

Zwischenfall beim Spiel Ungarn gegen Brasilien. Der Platzverweis von Nilton Santos ruft die Polizei auf den Plan.

Da herrschte noch Frieden: Schiedsrichter Ellis (England) mit den Spielführern Bauer (l.) und Bozsik bei der Seitenwahl.

Unten: Hidegkuti liegt verletzt am Boden, "Sünder" Brandaozinho steht mit entschuldigender Geste daneben. Ungarns Czibor redet auf den Unparteiischen ein.

Die Halbfinalspiele

Deutschland - Österreich 6:1 (1:0)
30. Juni, Basel

DEUTSCHLAND:	Turek; Posipal, Kohlmeyer; Eckel, Liebrich, Mai; Rahn, Morlock, O. Walter, F. Walter, Rahn
ÖSTERREICH:	Zeman; Hanappi, Schleger; Ocwirk, Happel, Koller; R. Körner, Wagner, Stojaspal, Probst, A. Körner
Tore:	Schäfer (30.), Morlock (47.), F. Walter (56., Foulelfmeter), O. Walter (61.), F. Walter (64., Foulelfmeter), O. Walter (89.) - Probst (51.)
Schiedsrichter:	V. Orlandini (Italien)
Linienrichter:	Ellis (England), Buchmüller (Schweiz)
Zuschauer:	58.000

Die Experten waren sich nach dem sensationellen Ausgang dieser Partie einig. DFB-Präsident Dr. Bauwens sprach vom "größten Tag in der Geschichte des DFB", Hans Fiederer vom *Sport-Magazin* schrieb: "Es war die eindrucksvollste deutsche Mannschaftsleistung nach dem Krieg. Basel kann nichts mehr überbieten." Der renommierte Journalist sollte vier Tage später eines besseren belehrt werden. In einem hatte er allerdings recht: Der deutsche Sturm übertraf sich selbst, bot "Fußball, wie wir ihn noch niemals von einem deutschen Sturm vorgesetzt erhielten, wie wir ihn überhaupt noch selten spielen sahen" *(Sport)*. An der Höhe der Erfolges gab es nichts zu rütteln: Die Deutschen spielten nach der Pause mit ihrem Gegner Katz und Maus, nutzten die Schwächen in der österreichischen Deckung gnadenlos aus. Vermeintliche Weltklassespieler wie Hanappi und Happel wurden lächerlich gemacht und zu Statisten degradiert, der für Schmied (Nachwirkungen seines Sonnenstichs aus dem Schweiz-Spiel) im Tor stehende Zeman erleichterte den deutschen Stürmern in mehreren Situationen das Toreschießen. Absolut überragender Mann auf dem Platz war Fritz Walter, der sich in "Überform" präsentierte: Vorne dirigierte der 34jährige Lauterer, hinten rackerte er. Der deutsche Kapitän war an allen sechs Treffern beteiligt, davon zweimal als eiskalter Elfmeter-Vollstrecker. An den übrigen vier Toren hatte er als Wegbereiter - durch maßgenaue Flanken und Pässe - entscheidenden Anteil.

Auf leisen Sohlen, fast unbemerkt, hatte sich die Mannschaft von Sepp Herberger ins Finale geschlichen - weil niemand sie im Vorfeld so recht ernst genommen zu haben schien. Auch nach ihrem Viertelfinal-Erfolg über Jugoslawien - "sie hat ja mit Glück gegen einen

Zum ersten mal hat es hinter Zeman eingeschlagen - der Schuß kam vom Kölner Hans Schäfer.

Max Morlock erzielt per Kopf den zweiten Treffer für die deutsche Mannschaft. Happel, Probst, Ocwirk (v.l.) können da nur zusehen.

spielerisch und feldmäßig überlegenen Gegner gewonnen, heißt es" *(Sport)* - wollte ihr niemand *die* Sensation der Weltmeisterschaft zutrauen. Die deutschen Fans hingegen witterten spätestens nach dem Einzug ins Semifinale, daß mehr als nur ein ehrenvolles Abschneiden in der Luft lag. Bereits am Tag vor dem Aufeinandertreffen mit Österreich, gegen das zuletzt 1953 in Köln 0:0 gespielt wurde, war Basel fest in deutscher Hand. Sonderzüge aus Frankfurt, Heidelberg, Augsburg und Konstanz fuhren in der Grenzstadt ein, eine schier endlose Wagenkolonne aus Richtung Norden brachte den Verkehr in und um Basel fast zum Erliegen - die Schweizer Rekordkulisse von 58.000 Zuschauern bestand gut zur Hälfte aus deutschen Zuschauern.

Sie sahen eine nur mäßige erste Halbzeit, in der Österreich zu Beginn feldüberlegen war. Das Wiener Ensemble erstarb jedoch fast in Schönheit und versäumte es, klare Torchancen herauszuarbeiten. Zu vorsichtig, zu methodisch, zu statisch wurde agiert - "das Spiel, das sie in Basel vorführten, war Fußball, wie man ihn 1939 spielte" *(Sport)*. Nach Schäfers Führungstreffer ließen sich die Deutschen das Kommando nicht mehr aus der Hand nehmen und brannten direkt nach der Pause ein Feuerwerk ab, das seinesgleichen sucht. In 18 Minuten schossen Fritz Walter & Co. vier Tore - bei einem Gegentreffer. "Es waren wahrscheinlich die hinreißendsten, beschwingtesten, aufwühlendsten 20 Minuten, die wir jemals auf einem Fußballfeld erlebten, und man wird begreifen, daß die sicherlich mindestens 30.000 deutschen Zuschauer ins Delirium gerieten", schrieb ein begeisterter Züricher Journalist. Das "Wunder von Lausanne", als Österreich einen 0:3-Rückstand gegen die Schweiz in wenigen Minuten wettmachte, sollte sich in Basel nicht wiederholen. Der Anschlußtreffer zum 2:1 war eher ein Schönheitsfehler des Gegners denn das österreichische Signal zur Aufholjagd. Die Deutschen beherrschten die Kunst des Freilaufens perfekt, antworteten auf den Standfußball des Austria-Teams mit dynamischen Vorstößen und Direktspiel, kurzum: Der Ball lief "wie am Schnürchen".

Aber auch die deutsche Deckung steuerte ihren Teil zum Triumph bei: Liebrich und Kohlmeyer spielten souverän, Posipal zeigte sich nach seiner Pause im Jugoslawien-Spiel stark verbessert gegenüber den Vorrunden-Begegnungen. Sepp Herberger schien seine Wunschformation gefunden zu haben, rechtzeitig vor dem "Spiel der Spiele". Und die Chancen der im Vorfeld als krasse Außenseiter gehandelten Deutschen standen nicht einmal schlecht. "Deutschland hat, so wie die Dinge jetzt liegen, eine große Chance, die große Chance, auch noch Weltmeister zu werden" - nicht nur der *Sport* zog inzwischen jenen Fall ins Kalkül, der die Fußball-Welt auf den Kopf stellen würde. Auch die deutschen Fans wollten nach erfolgreich verlaufenem Finale das nachholen, was ihnen in Basel verwehrt wurde. "Sie haben jetzt gewonnen. Danken Sie uns, indem sie das Spielfeld nicht betreten", mahnte der Stadionsprecher zur Ruhe. Zur Ruhe vor dem Sturm, wie sich herausstellte.

Österreichs Stopper Happel kommt hier nicht mehr dazu, Max Morlock am Schuß zu hindern.

Glück für Zeman, der eine Flanke verpaßt.

Ungarn - Uruguay 4:2 (1:0, 2:2) n.V.
30. Juni, Lausanne

UNGARN:	Grosics; Buzanszki, Lantos; Lorant , Bozsik, Zakarias; Budai, Kocsis, Palotas, Hidegkuti, Czibor
URUGUAY:	Maspoli; Santamaria, Martinez; Andrade,Carballo, Cruz; Souto, Ambrois, Schiaffino, Mendez, Borges
Tore:	Csibor (13.), Hidegkuti (47.), Kocsis (110./115.) - Hohberg (76./87.)
Schiedsrichter:	M. Griffiths (Wales)
Linienrichter:	Faultless (Schottland), Vincenti (Frankreich)
Zuschauer:	43.000

Der Titelfavorit zog erwartungsgemäß ins Finale ein, doch die Art und Weise, mit der diese "Pflichtaufgabe" gelöst wurde, war keinesfalls souverän. Die Ungarn verspielten einen 2:0-Vorsprung, standen zu Beginn der Verlängerung sogar am Rand einer Niederlage und mußten hart um das Weiterkommen kämpfen. "Die Mannschaft hat vielleicht ein zu großes Spielprogramm absolviert und entbehrt der Frische", wurden im *Sport* Befürchtungen bezüglich eines Versagens im Finale geweckt. Besonders die ungarische Verteidigung erwies sich - wie bereits in der Viertelfinalbegegnung gegen Brasilien - als verwundbar, und das Nervenkostüm der Magyaren war bei weitem nicht so intakt wie man gedacht hatte. Gegen die sturmschwachen Südamerikaner, die den verletzten Abbadie durch Souto (*Sport:* "Es ist nicht zu erklären, was ein solcher Rechtsaußen in dieser Mannschaft zu suchen hat") ersetzten, fehlte der Mannschaft die Kompaktheit und die Elastizität, mit der sie in der Vorbereitung beispielsweise die Engländer an die Wand gespielt hatte.

Guter Fußball und fairer Sport wuden im Stade Olympique dennoch geboten, weil sich beide Mannschaften trotz des strömenden Regens durch spielerische Reife und ein konstruktiv angelegtes Spiel auszeichneten.

Bei beiden Treffern der Ungarn gab Torhüter Maspoli keine gute Figur ab: Einmal reagierte er zu spät, beim zweiten Mal war er zu weit vor dem Tor postiert. Nach der 2:0-Führung kurz nach der Pause agierten die Ungarn dann aber zu leichtsinnig, spielten nur noch anstatt zu kämpfen und mußten überraschend den ersten Gegentreffer durch Hohberg hinnehmen. Der lange verletzt gewesene Mittelstürmer untermauerte damit bei seinem WM-Debüt den guten Ruf, den er in seiner Heimat genoß. Anders sein Mannschaftskamerad Schiaffino, der seine indiskutable Leistung mit dem kläglichen Vergeben einer Riesenchance zum Ausgleich "krönte", denn

Erneut sind die "Urus"' (Santamaria und Maspoli) geschlagen. Im Hintergrund jubelt Czibor.

Linksaußen Czibor bringt Ungarn im Halbfinalspiel gegen Uruguay in Front. Andrade (l.) und Torhüter Maspoli sind chancenlos.

er "kickte aber so wurstig auf die gelbe Kugel, daß diese kaum Fahrt genug gehabt hätte, überhaupt bis über die Torlinie zu rollen" *(Sport).* Dazu ein weiterer vernichtender Kommentar: "Wieviele Millionen haben die Italiener für einen solchen Matchverlierer bezahlt!"

Kurz vor Abpfiff der regulären Spielzeit versetzte Hohberg die südamerikanische Anhängerschaft in einen Freudentaumel - mit seiner Geste nach dem Tor zum 2:2 schien er ausdrücken zu wollen: "Jetzt bin ich der Kaiser von Uruguay." Die unliebsam aus ihrer Lethargie gerüttelten Ungarn standen in der ersten Hälfte der Verlängerung, die schon fast bei Dunkelheit ausgetragen wurde, mit einem Bein im Abgrund. Uruguay schien vom Erfolg beschwingt zu sein und hatte mehrfach die Chance zur Führung (Borges, Hohberg). Ein überraschender Sieg der "Urus", wie vier Jahre zuvor beim WM-Triumph im Maracana-Stadion gegen die Brasilianer, war nicht mehr auszuschließen. Mit letzter Kraft zog der Favorit aber noch einmal den Kopf aus der Schlinge - dank des zweifachen Torschützen Kocsis. Die Uruguayer erwiesen sich als faire Verlierer und haben "auf jeden Fall nach dem Brasilienmatch die Ehre ihres Kontinents in jeder Beziehung gerettet " *(Sport).* Ungarn hingegen gewann das zweite "vorweggenommene Finale", ohne Glanz und Gloria, dafür durch mannschaftliche Geschlossenheit und die notwendige Abgebrühtheit in der entscheidenden Phase. Die Favoritenrolle der Magyaren, die nach dem 3:5 gegen Österrreich Anfang 1950 in 31 Spielen ohne Niederlage geblieben waren, begann etwas zu bröckeln. Die schwere Bürde des leicht angeschlagenen Favoriten auf der einen Seite, die angenehme Rolle des Außenseiters, der mit der Finalteilnahme weit mehr erreicht hatte als erwartet, auf der anderen Seite - im Grunde genommen konnte der Ausgang des Endspiels der V. Fußball-Weltmeisterschaft nicht mehr überraschen.

35 000 Zuschauer füllten das Züricher Hardturm-Stadion während des Spieles um den 3. Platz.

Das Spiel um den dritten Platz

"Urus" und Österreicher nehmen Aufstellung vor dem "kleinen" Finale.

Österreich - Uruguay 3:1 (1:1)
3. Juli, Zürich

ÖSTERREICH:	Schmied; Hanappi, Kollmann, Barschandt; Ocwirk, Koller; R. Körner, Wagner, Dienst, Stojaspal, Probst.
URUGUAY:	Maspoli; Santamaria, Martinez; Andrade, Carballo, Cruz; Abbadie, Hohberg, Mendez, Schiaffino, Borges.
Tore:	Stojaspal (16., Foulelfmeter), Cruz (60., Eigentor), Ocwirk (78.) - Hohberg (22.)
Schiedsrichter:	P. Wyßling (Schweiz)
Linienrichter:	Zsolt (Ungarn), Ellis (England)
Zuschauer:	35.000

Von einem Spiel zweier Mannschaften, die im Finale hätten stehen können, stattdessen aber lediglich um den Trostpreis in Form der Bronzemedaille kämpften, durfte nicht zuviel erwartet werden. Die Stimmung am Züricher Hardturm war denn auch so, als ginge es um (fast) nichts mehr. Schon vor der Partie hatte es im Lager des entthronten Weltmeisters Uruguay geheißen, der Ausgang des Aufeinandertreffens mit den Österreichern sei ihnen egal. Unter diesen Umständen wurden durchaus ansprechende 90 Minuten geboten, obwohl beiden Teams die Müdigkeit und Enttäuschung vom Halbfinal-Mittwoch deutlich anzumerken war. Es fehlte aber das "Feuer", der Vorwärtsdrang, der unbedingte Siegeswille. Die Österreicher warteten mit der geschlosseneren Mannschaftsleistung auf und "erwiesen sich über die volle Dauer der zweimal 45 Minuten als die perfektere und auch schnittigere Elf" *(Sport)*. Allerdings war keines der drei Tore ein Produkt guten Kombinationsspiels. Beim 1:0 pfiff der Unparteiische nach einem Foul an Dienst einen umstrittenen Elfmeter, den Stojaspal verwandelte. Beim zweiten Treffer bediente sich das Austria-Team der Hilfe des Uruguayers Cruz, der einen Schuß von Körner am fangbereiten Maspoli vorbei ins eigene Netz lenkte. Beim dritten Treffer gab der 36jährige Torwart-Routinier dann selbst eine unglückliche Figur ab und reagierte bei Ocwirks Flachschuß erst gar nicht. Damit krönte der Wiener Regisseur sei-

Österreichs Linksaußen Probst versucht einen Fallrückzieher, doch Santamaria springt in den Schuß hinein.

ne herausragende Leistung, er war der "klügste und berechnendste Spieler, mit der souveränen Übersicht eines Feldherrn über die Schlachtlage und mit der feinen Klinge eines raffinierten Fechters" *(Sport).*

Ocwirk allein haben die Österreicher den Gewinn der Bronzemedaille, überreicht durch die FIFA-Abordung mit Karel Lotsy (Holland) und Sir Stanley Rous (England), nicht zu verdanken. Etliche Umstellungen im Team sorgten nach der deprimierenden Niederlage gegen Deutschland für frischen Wind. Zeman, Happel, Schleger und Körner II blieben draußen, dafür kehrte Schmied mit Erfolg zurück ins Tor und Stopper Kollmann kam zu seinem WM-Debüt. Größtes Manko auf südamerikanischer Seite war das zu lange Ballhalten, auch die Durchschlagskraft des Angriffs ließ zu wünschen übrig und machte es der österreichischen Verteidigung leicht. Lediglich Schiaffino, der ab der 37. Minute durch eine Verletzung gehandicapt war, und der Halblinke Hohberg verdienten sich gute Noten. So war es auch Goalgetter Hohberg vorbehalten, den einzigen Treffer für seine Farben und damit sein drittes Tor im zweiten Turnierspiel zu erzielen. Zufrieden mit seiner Leistung durfte auch Mittelläufer Carballo sein, der ein großes Laufpensum absolvierte und und den Gegner stets frühzeitig attackierte.

Mit dem vierten Platz blieb der Weltmeister von 1950 zweifellos unter seinen Möglichkeiten und sorgte rein vom Resultat her für eine der großen Turniersensationen. Andererseits leistete er dem Favoriten Ungarn im Halbfinale erbitterten Widerstand und war nicht weit von der Endspielteilnahme entfernt - unter diesem Aspekt betrachtet, ist es letztlich in der Tat nicht von Bedeutung, ob im Endklassement der dritte oder der vierte Platz heraussprang.

Vor dem Endspiel regnete es in Strömen.

Das Berner Wankdorf-Stadion am 4. Juli 1954.

DAS ENDSPIEL

Ungarns Mannschaft vor dem Angriff im Wankdorf-Stadion. Von links: Puskas, Grosics, Lorant, Hidegkuti, Bozsik, Lantos, Zakarias, Buzanzski, Toth, Kocsis und Czibor.

Deutschland - Ungarn 3:2 (2:2)

DEUTSCHLAND:	Turek; Posipal, Kohlmeyer; Eckel, Liebrich, Mai; Rahn, Morlock, O.Walter, F. Walter, Schäfer.
UNGARN:	Grosics; Buzanszki, Lantos; Bozsik, Lorant, Zakarias; Czibor, Kocsis, Hidegkuti, Puskas, J. Toth.
Tore:	Morlock (9.), Rahn (18./84.) - Puskas (6.), Czibor (8.)
Schiedsrichter:	W. Ling (England)
Linienrichter:	Griffiths (Wales), Orlandini (Italien)
Zuschauer:	64.000

Die "Weltmeisterschaft der Sensationen" endete - wie hätte es anders sein sollen - mit einer Sensation, die als das "Wunder von Bern" in die Annalen des Fußballs einging. "Mit Tränen in den Augen stand alles, was deutsch ist und was deutsch fühlt, in den Minuten nach dem Schlußpfiff des ausgezeichneten englischen Schiedsrichters Ling, als es Gewißheit geworden war, daß Deutschlands Nationalelf zum erstenmal in der langen Geschichte des deutschen Sports Weltmeister geworden war. Weltmeister im Endspiel gegen den großen Favoriten Ungarn" - diesen Worten einer Hamburger Sportzeitung bleibt nichts hinzuzufügen.

Zweifel an der Berechtigung des deutschen Sieges gab es nach den Ereignissen der vor-

4. JULI, BERN

Der Überraschungs-Finalist in Reih und Glied. Von links. Fritz Walter, Turek, Eckel, Rahn, Ottmar Walter, Liebrich, Posipal, Schäfer, Kohlmeyer, Mai und Morlock.

angegangen Tage kaum: Die Ungarn waren die Rolle des souveränen Favoriten losgeworden, die Deutschen hatten sich von Spiel zu Spiel gesteigert und betraten bei weitem nicht als chancenloser Außenseiter den Rasen des Berner Wankdorf-Stadions. Von einem Zufallserfolg konnte also nicht gesprochen werden. Ein Blick auf den Spielverlauf unterstützt diese Behauptung, denn wenn eine Mannschaft einen 0:2-Rückstand gegen das vermeintlich beste Team der Welt noch in ein 3:2 umwandelt, muß etwas Weltmeisterliches in ihr stecken. Das Mitwirken von Puskas, der beim 8:3-Vorrundensieg über die Deutschen verletzt wurde und seither pausierte, setzte "dem deutschen Triumph die Krone auf" *(Sport)*. Ausreden mit "wenn" und "hätte" gab es also nicht, die Magyaren traten in ihrer von der Papierform her besten Formation an.

Die Gründe, warum der Favoritensieg ausblieb, sind schnell genannt. Die Elf von Sepp Herberger war auf die Minute geistig und körperlich in Topform, während bei den Ungarn Zeichen von Müdigkeit unübersehbar waren. Die beiden vorweggenommenen Endspiele gegen Brasilien und Uruguay, letzteres sogar über 120 Minuten, hatten dem "Wunderteam" alles abverlangt. Ein weiteres Plus der Deutschen: Ihre Angriffslinie war besser als die des Gegners und bestach weniger durch brilliante Einzelaktionen als vielmehr durch harmonisches Zusammenspiel. Die Fünferreihe um Fritz Walter stürmte teilweise überfallartig

Erinnerungsbild vor dem "finale furioso": Linienrichter Orlandini (Italien), Fritz Walter, Schiedsrichter Ling (England), Ferenc Puskas, Linienrichter Griffiths (Wales).

los, während den Ungarn die Leichtigkeit und die "tänzerische Beschwingtheit" *(Sport)* fehlte, auch das Spiel ohne Ball ließ zu wünschen übrig. Die Hereinnahme von Puskas erwies sich weder als Vorteil noch als Nachteil: Sein frühes Tor zeigte, daß er fit war, doch mit zunehmender Spieldauer konnte auch der "Major" seiner Mannschaft nicht mehr die (sieges-)notwendigen Impulse geben. "Im Abschluß gehörte Puskas zu den schlimmsten Versagern", schrieb gar die *Neue Zürcher Zeitung.*

Das schnelle 2:0 der Magyaren - nur zwei Minuten nach Puskas traf auch Czibor - ließ manchen Zuschauer an ein Debakel für die Deutschen glauben, die ja ohnehin - so die Meinung vieler Beobachter - nur zufällig und mit Glück ins Finale vorgestoßen waren. Diese Auffassung wurde durch Morlocks Anschlußtreffer schnell revidiert, spätestens Rahns Ausgleich in der 18. Minute brachte der deutschen Elf die verdiente Anerkennung auch des größten Kritikers. Was sich in den folgenden 60 Minuten auf dem Rasen des Wankdorfstadions abspielte, war Fußball in höchster Perfektion, auch ohne einen Torerfolg. Die Ungarn sorgten nach dem 2:2 minutenlang für Konfusion in der deutschen Deckung, die sich nach etwa einer halben Stunde wieder fing. Auch nach der Pause wogte die Begegnung hin und her: Auf das hohe Tempo, das die Ungarn einschlugen, antwortete das schwarz-weiße Ensemble mit der Herbergerschen Binsenweisheit "Angriff ist die beste Verteidigung". Und das bei einem Boden, der durch die stundenlangen Regenfälle gewiß nicht einfach zu bespielen war. Für den *Sport* war dies allein "ein Ausweis von Klasse" von "offensichtlich zwei der allerbesten Fußballteams der Gegenwart". Die herausragende Leistung aus dem Österreichspiel konnte der deutsche Angriff allerdings nicht wiederholen - der Widerstand der ungarischen Verteidigung war weitaus härter und entschlossener als der des Halbfinalgegners. Und weiter: Eine spielerische Glanzleistung mit vier Toren binnen weniger Minuten ist auch für einen Weltmeister eine Sternstunde, auf die man manchmal Jahrzehnte wartet.

Spielfilm: "Das Wunder von Bern"

Ferenc Puskas spielt Turek aus - Eckel und Hidegkuti erleben den ungarischen Führungstreffer aus nächster Nähe.

1. Minute: Deutschland hat Anstoß, Schäfer verliert den Ball

4. Minute: Lantos rettet vor Morlock, erste Ecke für die Deutschen

5. Minute: Posipal verschuldet die erste Ecke der Ungarn

6. Minute: 1:0 Turek klärt einen Schuß von Hidegkuti; Kocsis schießt einen deutschen Verteidiger an; der Ball landet bei **Puskas**, der Turek mit einem präzisen Schuß ins lange Eck überwindet

8. Minute: 2:0 Kohlmeyer spielt leichtsinnig auf Turek zurück; **Czibor** erläuft sich den Ball und schießt ins leere Tor

Lantos und Ottmar Walter sehen zu, wie Max Morlock das erste deutsche Tor erzielt.

9. Minute: 2:1 Bozsik lenkt einen mißglückten Schuß von Rahn vor die Füße von **Morlock**, der das Leder mit dem langen Bein an Grosics vorbei lenkt

15. Minute: Nach einem Steilpaß auf Hidegkuti ist die deutsche Verteidigung ausgespielt; Hidegkuti leitet weiter auf Czibor, der aus acht Metern das Tor nicht trifft

18. Minute: 2:2 Ein Eckball von Fritz Walter passiert die ungarische Deckung samt Torhüter Grosics; **Rahn** erspurtet den Ball und jagt ihn zwischen Pfosten und Spielern hindurch ins Netz

25. Minute: Turek lenkt Hidegkutis Direktabnahme mit einer tollen Parade über das Tor

43. Minute: Deutschland erhält zwei Ecken nacheinander; Eckel wird von Lantos' Stollen am Oberschenkel getroffen und bleibt benommen am Boden liegen

44. Minute: Kocsis köpft in aussichtsreicher Position neben das Tor - letzte Torchance vor der Pause

56. Minute: Czibor foult und tritt gegen Morlock nach; er wird ausgepfiffen

58. Minute: Kocsis köpft an die Latte, Turek wäre geschlagen gewesen

67. Minute: Turek klärt per Fußabwehr vor Kocsis und pariert ebenfalls per Fuß einen Schuß von Puskas

Lantos versucht, dem überragenden Fritz Walter den Ball vom Fuß zu spitzeln.

Kohlmeyer (l.) und Eckel (r.) versuchen, Hidegkuti vom Ball zu trennen.

78. Minute: Turek wirft sich in einen Schuß von Czibor; den Abpraller setzt Hidegkuti ans Außennetz, der deutsche Torhüter muß nach dem Zusammenprall mit Czibor gepflegt werden

81. Minute: Siebter Eckball für die Deutschen: Morlock verlängert den Ball per Kopf, die Ungarn klären

84. Minute: 3:2 Schäfer flankt; O. Walter und Morlock auf der einen, Lorant und Lantos

Dieser Schuß von Hans Schäfer geht am Tor vorbei, Grosics setzt vergebens zum Hechtsprung an.

Der Ball zappelt im Netz, Deutschland führt 3:2. Im Hintergrund ahnt Schütze Helmut Rahn von seinem Glück, während für Buzanszki eine Welt zusammenbricht.

auf der anderen Seite springen zum Kopfball hoch; der Ball wird zu kurz abgewehrt, **Rahn** erwischt den Ball und trifft aus 14 Metern ins rechte untere Eck

86. Minute: Puskas taucht frei vor Turek auf und trifft - der Schiedsrichter entscheidet auf Abseits

87. Minute: Turek hält einen Schuß von Czibor aus acht Metern ins kurze Eck - es ist die letzte Chance in diesem Endspiel

90. Minute: Referee Ling pfeift ab:

Freude, Jubel, Glück. Links tröstet Morlock den enttäuschten Puskas, in der Mitte genießen Rahn, Turek und Ottmar Walter die Sekunden nach dem Triumph.

Deutschland ist Fußball-Weltmeister !!!

"We are the Champions" - Fritz Walter, Toni Turek, Horst Eckel, Helmut Rahn, Ottmar Walter und Werner Liebrich.

Die "Helden von Bern" in der Einzelkritik:

Toni Turek: Mit seiner Endspiel-Leistung avancierte er schließlich doch noch zu einem der besten Torhüter des WM-Turniers. Mit einigen tollen Reflexen hatte er großen Anteil am deutschen Triumph.

Jupp Posipal: Hatte als Verteidiger in Toth einen trickreichen und schnellen Gegenspieler. Der Hamburger überzeugte besonders im Kopfballspiel, verschuldete allerdings einige unnötige Eckbälle.

Werner Kohlmeyer: Er begann schwach, war am 0:1 nicht schuldlos. Der Lauterer machte seinen Fehler wieder gut und steigerte sich nach der Pause. Einmal rettete er für Turek auf der Torlinie.

Horst Eckel: Behielt trotz seiner jungen Jahre auch in kritischen Phasen kühlen Kopf. Nach der Pause neutralisierte er Puskas und erfüllte damit die ihm gestellte Defensiv-Aufgabe.

Karl Mai: Der linke Läufer spielte unauffällig, erfüllte aber seine Aufgabe gegen Kocsis mit Bravour. Für das Angriffsspiel konnte er zwangsläufig nicht viel tun.

Werner Liebrich: Knüpfte an seine starken Leistungen gegen Jugoslawien und Österreich an. Hart, unerbittlich, entschlossen , gutes Kopfballspiel - vielleicht der beste Stopper des Turniers.

Max Morlock: Absolvierte ein riesiges Laufpensum. Wenn es im ungarischen Strafraum gefährlich wurde, war der Nürnberger stets zur Stelle. Half auch als wirkungsvoller Zerstörer in der Abwehr aus.

Ottmar Walter: Hatte auf dem glatten Rasen Schwierigkeiten im Zusammenspiel. Überzeugte durch sein unermüdliches Rackern, lockte Ungarns Stopper Lorant mehrfach aus dem Abwehrzentrum heraus.

Fritz Walter: Der 34jährige war der "Baumeister" des deutschen Triumphes. Dirigierte seine Mannschaft mit blendender Übersicht und präzisen Vorlagen. Auch in kämpferischer Hinsicht ein Vorbild. Einziger Makel: Der Spielführer leistete sich nach Wiederanpfiff eine 15minütige Schwächeperiode.

Hans Schäfer: Erreichte nicht ganz die Form der vorangegangenen Spiele. Brachte aber durch seine Vorstöße auf dem linken Flügel die ungarischen Deckung häufig in Verlegenheit.

Helmut Rahn: Ausgerechnet der größte Individualist im deutschen Team erzielte das "goldene Tor". Der "Boß" hatte zuvor bei Alleingängen mehrfach Schußpech gehabt.

Stimmen zum WM-Finale:

Auf den Schultern der Fans wird Sepp Herberger vom Platz getragen. Links vom "Alten": Karl Mai.

Sepp Herberger: "Es war ein Sieg der gesamten Mannschaft, die im Angriff und in der Abwehr zugleich ihren Erfolg suchte, fand und sich nach dem Basler Österreich-Spiel auch noch mäßig zu steigern vermochte. Als ich im Basler Spiel gegen die ungarischen Ballkünstler eine sogenannte zweite Garnitur ihre Chance wahrnehmen ließ, wußte ich genau, was ich wollte. Das heutige 3:2 hat es wohl bewiesen ... Es ist ein herrliches Gefühl, wenn eine Mannschaft das Vertrauen in ihre Leistung belohnt."

Fritz Walter: "Habe ich es nicht gesagt? Als wir mit einem Unentschieden in die Halbzeit gingen, wußten wir, daß unsere große Chance da war. Wir haben sie genutzt. Wir sind glücklich. Es ist der schönste Tag in der deutschen Fußballgeschichte."

Helmut Rahn: "So ist das im Fußball: drauf mit dem Fuß und dann hinein mit dem Ball, wenn die Chance da ist. Ich wußte beide Male, daß der Ball im Netz landen würde."

Werner Liebrich: "Ich freue mich am meisten, daß der ungarische Spielführer Ferenc Puskas mitspielte, sonst hätte man uns vorgeworfen, wir hätten nur durch Glück gewonnen."

Gustav Sebes (ungarischer Verbandskapitän): "Sie waren besser". Mehr brachte der Trainer der Verliererelf nicht heraus, als er Sepp Herberger gratulierte. Er konnte die Niederlage kaum fassen und schien den Tränen nahe zu sein.

Dr. Peco Bauwens (DFB-Präsident): "Jungens, das habt ihr herrlich gemacht. Ich weiß nicht, welche Worte ich finden soll, um eure Leistung für den deutschen Fußball ins rechte Licht zu stellen. Es war eine Antwort auf vieles, was sich im Welt-Fußball nicht auf einer Linie mit uns bewegt."

Jules Rimet (FIFA-Ehrenpräsident): "Ich habe schon in meiner Schlußansprache gesagt, daß ich mich über diesen deutschen Sieg sehr freue. Die deutsche Mannschaft vollbrachte eine grandiose Leistung. Es war eine Mannschaft, die ein großes und faires Spiel lieferte und einen Sieg gegen einen ebenso fairen Gegner erkämpfte. Der deutsche Fußball wird einen bedeutenden Weg machen."

R. W. Seeldrayers (FIFA- Präsident): "Das hatte ich von Deutschland nie erwartet. Es war ein großes Spiel, eine große Leistung. Die Ungarn haben in einigen Szenen kein Glück gehabt, aber an dem verdienten deutschen Sieg gibt es keinen Zweifel."

Ernst Thommen (Präsident des Schweizer Fußballverbandes): "Ihr Weg in diesem Turnier ist so groß, daß es keine Kritik an dem verdienten Erfolg geben kann. Ungarn hatte das Pech, am Ende einer glänzenden Siegesserie einen Gegner anzutreffen, der nicht nur Fußball spielen kann, sondern auch bis zum Umfallen kämpft. Fritz Walter wird als einer der größten Spieler in die Fußball-Weltgeschichte eingehen."

Herbert Zimmermann und die legendäre Radioreportage von Bern

"Toni, Toni, du bist Gold wert ... jetzt Deutschland am linken Flügel, Schäfer flankt nach innen, Kopfball, abgewehrt, aus dem Hintergrund müßte Rahn schießen, er schießt, Tor, Tor, Tor, Tor für Deutschland ... 3:2 für Deutschland nach dem Linksschuß von Rahn ... und die Ungarn, wie von der Tarantel gestochen, drehen den siebten oder zwölften Gang auf ... und Kocsis flankt, Puskas abseits, Schuß, aber nein, kein Tor, Puskas abseits ... und die 45. Minute ist vollendet ... aus, aus, aus ,aus, das Spiel ist aus!"

Fans aus der Heimat führen den freudestrahlenden Max Morlock vom Spielfeld.

Von Menschenfressern und Bergleuten

Schwarzhändler hatten in Bern schlechte Karten. Am Finaltag wurde im Radio vermeldet, das Spiel sei ausverkauft. Viele Interessenten machten sich daher gar nicht erst auf den Weg in die schweizerische Hauptstadt - natürlich trug auch der Dauerregen seinen Teil dazu, daß kaum jemand aufs Geratewohl zum Endspiel fuhr. Allein das Geschäft mit überdachten Sitzplätzen lief einigermaßen: Bis zu 60 Franken mußten im Schnitt dafür - im wahrsten Sinne des Wortes - berappt werden. Unüberdachte Sitzplätze und Stehplätze wurden hingegen deutlich unter Normalpreis verkauft, so kostete das Sitzen im Regen nur noch 20 statt 30 Franken. Den Vogel schoß ein amerikanischer Fußball-Anhänger ab, dem 150 Franken abverlangt wurden. Er legte gleich 150 Dollar hin - der Schwarzhändler durfte sich über ein ansehnliches Trinkgeld freuen.

Wer wenig Geld hatte, auf die unmittelbare Nähe zum "Nabel der Fußball-Welt" nicht verzichten wollte, fand rund um das Wankdorfstadion zahlreiche kurzfristig installierte Radio- und Fernsehgeräte vor. Das Radiohören kostete einen Franken, das Verfolgen der TV-Übertragung war doppelt so teuer.

Der Spruch des Tages beschäftigte sich mit Deutschlands Stopper Werner Liebrich. Der Journalist Martin Maier schrieb über den Kaiserslauterer: "Liebrich ist kein Raubtier mit der Keule in der Hand. Er kommt heimlich und leise wie der Dieb und stiehlt mit viel Freude an der sauberen Arbeit dem Gegner die letzte Hoffung." Dieser blumige Vergleich mutet bei einem Blick auf die folgende Äußerung eines Journalisten des *Sport* geradezu blaß an. "Der Spieler, der am grimmigsten aussieht, ist der brasilianische Verteidiger Djalma Santos, ein riesiger Neger, ein Kinderschreck, und wer ihm im Urwald begegnet, sieht sich schon auf der Speisekarte des Häuptlings" - guten Appetit!

Bei der Siegerehrung kamen manchem ungarischen Recken die Tränen - vor Enttäuschung. Den eigens zum Endspiel angereisten Ehefrauen der auf den Boden der Tatsachen zurückgeholten "Wunder-Kicker" aus der Puszta war nach Weltuntergang zumute. Martin Maier beobachtete: "Diese armen Frauen haben Höllenqualen ausgestanden. Daş war nicht mehr die Angst um ein Tor, das die Deutschen schießen könnten. Das war, als ginge es ums Leben. Ich erinnere mich, solche Angst schon einmal gesehen zu haben: nach einem Bergwerksunglück, als die Frauen der Bergleute vor dem Schacht warteten, wie man ihre Männer aus der Tiefe bringen wird, tot oder lebendig. Die gleichen Augen, die gleiche Angst. Kein ungarischer Fußballer ist zu beneiden. Und keine ungarische Fußballerfrau."

Gibt es einen schöneren Augenblick in der Karriere eines Fußballers, als den Weltpokal überreicht zu bekommen? Noch bewahrt Fritz Walter Haltung.

Toni Turek, einer der Garanten des Erfolgs, verhindert durch eine prächtige Fußabwehr einen Torerfolg von Puskas (links).

Der WM-Favorit am Boden zerstört. Lorant, Buzanszki, Czibor und Toth sind sprachlos.

Der Weg ins Finale

Vorrundenspiel Deutschland - Türkei 4:1.
Nach dem 3. Tor holt Basri den Ball aus dem Netz. Der türkische Torwart Turgay rechts daneben.

Vorrundenspiel Deutschland - Ungarn 3:8.
Boszik (Mitte) im Kampf mit den deutschen Stürmern Morlock und Eckel.

Entscheidungsspiel Deutschland - Türkei 7:2.
Sieben Mal mußte der türkische Torhüter Sükrü beim Entscheidungsspiel hinter sich greifen.

Viertelfinale Deutschland - Jugoslawien 2:0.
Deutschland besiegt die favorisierten Jugoslawen. Morlock (Mitte) im Kopfballduell mit Stankovic (Nr. 2) und Boskov.

Halbfinale Deutschland - Österreich 6:1.
Österreichs Torhüter Zeman verhindert einen Torerfolg von Rahn. Verteidiger Schleger (Mitte) kann nicht mehr eingreifen.

Endspiel Deutschland - Ungarn 3:2.
Der Siegestreffer. Deutschland ist Weltmeister.

Fritz Walter - herausragende Spielerpersönlichkeit der Weltmeisterschaft

Wer war nun der Vater des deutschen Sieges - Sepp Herberger, der "Chef", oder Fritz Walter, die rechte Hand des Bundestrainers. Egal, wen man nun als den Drahtzieher des Triumphes bezeichnet: Die Äußerung in Karl-Heinz Hubas *Fußball-Weltgeschichte*, es sei "das am besten funktionierende Gespann, das der deutsche Fußball jemals besaß", trifft die fruchtbare Symbiose zwischen dem Trainer und Spielführer im Kern. Die taktischen Vorstellungen des "Bundessepp" setzte Fritz Walter auf dem Spielfeld in die Tat um. Eine hohe Spielintelligenz und vielseitige Verwendbarkeit ließen den Kaiserslauterer zu einer Spielerpersönlichkeit werden, die auch den Profi-Fußball der 90er Jahre durchaus prägen könnte. Fritz Walter wurde daher oft als der "Prototyp des modernen Fußballspielers" bezeichnet und war in beiden Strafräumen zu finden. Gerade bei der Weltmeisterschaft in der Schweiz zeichnete er sich durch enorme Laufarbeit, die Erfüllung von Defensivaufgaben und natürlich Torgefährlichkeit aus. Ebenso wie Helmut Rahn und Hans Schäfer erzielte der Halbstürmer - nach heutiger Auffassung war er der Mittefeldspieler par excellence - im Turnierverlauf vier Tore. Im Prinzip kam es Fritz Walter aber nicht darauf an, als Torschütze zu glänzen. Er sah stets den besser postierten Mitspieler, "hatte die Begabung, den Ball präzise wie eine Billardkugel zu adressieren" *(Fußball-Weltgeschichte)* und konnte mit dem Ball am Fuß jedes Tempo gehen. In kaum einem anderen Spiel kamen Fritz Walters Fähigkeiten besser zur Geltung als beim legendären 6:1-Halbfinalsieg über Österreich. Zwei Tore schoß er selbst (per Elfmeter), alle weiteren bereitete er vor. Er war "der Kreator jener präzisen Maßflanken, die einmal von Morlock und zweimal von Ottmar Walter zu Kopfballtoren verwandelt wurden"- so die Version im offiziellen WM-Buch von 1954.

Spätestens nach dieser Leistung hätten die Ungarn vor dem Allroundspieler - Sepp Herberger nannte ihn einen "Künstler" - gewarnt sein müssen. Sie hielten es in Bern jedoch nicht für nötig, die Kreise des deutschen Spielmachers einzuengen. Bozsik widmete sich dem Offensivspiel und machte somit die gegnerische Mannschaft stark, deren Seele ja nun einmal Fritz Walter war. Doch der geniale Dirigent aus der Pfalz hätte mit Sicherheit kein meisterliches Stück vortragen können, wenn ihm kein gutes Orchester zur Verfügung gestanden hätte. Ein Mann aus diesem Orchester stand ihm besonders nah, und das nicht nur in fußballerischer Hinsicht: Sein Bruder Ottmar. Die Walter-Brüder verstanden sich im Schlaf, der eine machte den anderen stark, der Handwerker ergänzte den Künstler und umgekehrt.

War vor den Titelkämpfen in der Regel der Name "Puskas" gefallen, wenn vom überragenden Spieler auf der Welt gesprochen wurde, so wurde nach dem 4. Juli 1954 immer häufiger der Name des bescheidenen Mannes aus Kaiserslautern genannt. "Fritz Walter war der gerissene Spielmacher ... und übertraf unbedingt seinen Antipoden Puskas" - nicht nur der Schweizer Journalist, der diese Worte verfaßt hat, war der Auffassung, daß das WM-Endspiel von 1954 vor allem duch den Kampf zweier Fußball-Genies entschieden wurde.

Am Ball war Fritz Walter ein Virtuose, wie es im deutschen Fußball kaum einen zweiten gab.

Sandor Kocsis, Torschützenkönig der Weltmeisterschaft

Es dürfte für den Ungan kaum ein Trostpflaster gewesen sein, statt des erhofften Weltmeistertitels die Torjägerkanone gewonnen zu haben. Sandor Kocsis ging nur bei einem seiner fünf Auftritte in der Schweiz leer aus - ausgerechnet beim wichtigsten, dem WM-Finale. Zuvor hatte er dreimal gegen Südkorea, viermal gegen Deutschland sowie jeweils zweimal gegen Brasilien und Uruguay ins Schwarze getroffen. An seiner überragenden Leistung während des zweieinhalbwöchigen Turniers konnte die Torflaute im Endspiel denn auch nicht rütteln. Der Halbrechte besaß in Bern in dem Fürther Karl Mai einen unnachgiebigen Gegenspieler, dessen Verdienste Fritz Walter in seinem Buch *3:2* auf humorvolle Art würdigte und schrieb: "Fährtensicher wie Old Shatterhand folgt ihm unser Charly zäh und unerbittlich." Da kann es vorkommen, daß auch der erfolgreichste WM-Torschütze einmal leer ausgeht, zumal auch Toni Turek im Tor der Deutschen einen absoluten Glanztag erwischt hatte und mehrere hochkarätige Chancen von Kocsis zunichte machte.

Der *Sport* charakterisierte das Spiel des kopfballstarken und sprunggewaltigen Goalgetters als "sprudelnd, lebendig, frisch, gradlinig, zweckmäßig". Seine außerordentlichen Fähigkeiten holte sich das ungarische Naturtalent in seiner Kindheit beim Straßenfußball. "Sani", wie ihn seine Mitspieler nannten, wuchs in bescheidenen Verhältnissen auf und zog oft das Gekicke auf den Budapester Straßen der drangvollen Enge im eigenen Zuhause vor. Talentsucher von Ferencvaros entdeckten ihn für die Jugendmannschaft des Klubs, und Sandor Kocsis erkannte schnell die Perspektiven, die sich ihm dank seines fußballerischen Könnens boten. Mit 16 Jahren stürmte er bereits in der ersten Mannschaft von Ferencvaros Budapest, das er Ende der 40er Jahre verließ. Während seiner Wehrdienstzeit warb ihn der Armeeklub Honved ab, der in jenen Jahren bereits "Major" Puskas, Czibor und Budai in seinen Reihen hatte. Zusammen mit Kocsis formten diese Akteure eine der besten Sturmreihen, die jemals eine europäische Vereinsmannschaft besessen hat.

Auf internationaler Ebene gewann Kocsis mit seinen Teamkameraden 1952 in Helsinki die olympische Goldmedaille durch einen 2:0-Finalsieg über Jugoslawien. Er bildete zusammen mit den grandiosen Erfolgen über England (6:3 in Wembley, 1953 und 7:1 in Budapest, 1954) einen der Höhepunkte einer Siegesserie, die in der Geschichte des Weltfußballs ihresgleichen sucht. Die ungarische "Wunderelf" blieb nach dem 3:5 Anfang 1950 in Wien gegen Österreich mehr als vier Jahre - in 31 Länderspielen - ohne Niederlage. Bis zu jenem 4. Juli 1954 .

Die Turbulenzen des Ungarn-Aufstandes veranlaßten Sandor Kocsis, seine Heimat zu verlassen. Er fand ebenso wie Ferenc Puskas in Spanien eine neue Heimat und ließ seine Laufbahn beim FC Barcelona ausklingen, wo sein sportliches Können in angemessenem Rahmen honoriert wurde. Mit den Katalanen stand er 1961 im Finale des Europapokals der Landesmeister, das Benfica Lissabon (u.a. mit Eusebio) - ausgerechnet in Bern - mit 3:2 gewann. Kocsis und dessen Landsmann Czibor erzielten dabei die einzigen Treffer für die Spanier.

Kocsis

Der Trainer des Weltmeisters: Sepp Herberger

Wenn von den Vätern des deutschen WM-Triumphes die Rede ist, muß Sepp Herberger in einem Atemzug mit Fritz Walter genannt werden. Der Bundessepp, wie er allseits genannt wurde, formte aus einem Außenseiter ein weltmeisterliches Ensemble, das die zu jener Zeit beste Mannschaft der Welt besiegte. Nur zwei Wochen vor dem Triumph vom 4. Juli stand Herberger noch bei vielen deutschen Fußball-Anhängern auf der Abschußliste. "Seit Monaten schien der Zeitpunkt unerbittlich näherzurücken, an dem die wiedererwachte Nation den verräterischen Bundestrainer an einem sauern Apfelbaum würde aufhängen müssen. Jetzt hielt man den Zeitpunkt für gekommen", beschrieb der *Spiegel* des Volkes Meinung am Tage des 3:8-Desasters gegen die Ungarn. Die Möglichkeiten des fragwürdigen Spielmodus' im Blick habend, ließ der eigenwillige Mann von der Weinstraße nur sechs Akteure der späteren Endspielformation auflaufen. Eine Niederlage gegen Ungarn und damit ein Wiederholungsspiel gegen die Türkei nahm er in Kauf - in der festen Hoffnung, seine Elf würde auf diesem Umweg die Runde der letzten Acht erreichen. Und was sagte die heimische Presse zu diesem Schachzug? "Dieses Spiel war das traurige Ergebnis einer taktischen Überlegung des Bundestrainers... Ist das noch Sport ...? Für uns Deutsche war es eine beschämende Vorstellung", hieß es in *Die Welt*. Nur drei Tage später waren von dem gleichen Journalisten völlig andere Töne zu vernehmen. Die neu hereingenommenen Spieler wurden als Garant für das deutliche 7:2 über die Türken gesehen und "sie bestätigten damit, daß Herbergers Taktik, gegen Ungarn nur mit der zweiten Garnitur anzutreten, berechtigt war".

Natürlich war es nicht allein dieser Schachzug, der die favorisierten Ungarn letztlich scheitern ließ. Herberger hatte aus dem Fußball, wie er in den 30er Jahren gespielt wurde, seine Lehren gezogen. Das geradlinige Mannschaftsspiel (teamwork) der Engländer gehörte für Herberger der Vergangenheit an, was aber nicht heißen sollte, daß er keinen Wert auf mannschaftliche Geschlossenheit legte. Sein Ziel war es, von einem starren Schema abzurücken und einen "selbständig denkenden Mannschafts-Organismus" *(Spiegel)* zu schaffen. Jedem Spieler räumte er dabei ein gewisses Maß an individuellen Freiheiten ein. Die Ungarn praktizierten dieses System Anfang der 50er Jahre mit großem Erfolg, im deutschen Fußball kam es erstmals durch den "Geist von Spiez" zum Ausdruck.

Die Schlüsselrolle bei der Realisierung des Systems spielte Fritz Walter, dessen Spielwitz und Spielintelligenz im deutschen Fußball einmalig waren. Obwohl Herberger den Lauterer bereits 1938 - ein Jahr nach seinem Amtsantritt als Reichtrainer - entdeckt hatte, konnte der Aufbau einer deutschen Nationalelf moderner Prägung erst nach dem 2. Weltkrieg beginnen. Sepp Herberger stieß bei seiner Suche nach geeigneten Spielern auf den erbitterten Widerstand vieler (eigensinniger) Vereine. Aber auch die Dezentralisierung des deutschen Fußballs in fünf Oberligen machte ihm das Selektieren schwer. Seine Aufgabe bestand denn auch zum Teil darin, "gute Leute aus dem Dickicht und den Höhlen der Fußball-Stämme und -Sippen hervorzulocken und zu re-kultivieren, um eine Mannschaft alten Stils zusammenzubekommen" *(Spiegel)*. Dabei kam dem eigenwilligen Trainer-Original die große Zeit des 1. FC Kaiserslautern zugute. Er bediente sich neben Fritz Walter noch vier weiterer Akteure der "Roten Teufel" und brauchte dann "nur" noch nach sinnvollen Ergänzungen Ausschau halten.

Auf ungarische Verhältnisse - das Team um Ferenc Puskas trainierte fast täglich zusammen und verstand sich "im Schlaf" - konnte Herberger zwar nicht bauen, doch in den fünfeinhalb Wochen zwischen der ersten Zusammenkunft in der Sportschule Grünwald und dem Finale von Bern formte er eine Einheit von elf Spielern, die im deutschen Fußball ohne Beispiel geblieben ist. "Wenn ich die Mannschaft mal vier Wochen beisammen habe, dann sind wir eben dran" - so einfach lautete das Erfolgsrezept des Bundestrainers. Doch es war nicht nur der Leitspruch "Elf Freunde müßt ihr sein", der aus einem krassen Außenseiter einen Überraschungs-Weltmeister machte. Herberger gab der Mannschaft ihre besondere Note, holte aus Intelligenz und Instinkt jedes einzelnen Akteurs das Optimale heraus. "Die Kondition ist nur das Gespann vor den spielerischen Möglichkeiten", nannte er seine Prioritäten.

Freiheiten ließ Herberger seinen Schützlingen jedoch nur auf dem Spielfeld, außerhalb des grünen Rasens war er als "Chef" akzeptiert und durfte sich der Loyalität des kompletten WM-Kaders sicher sein. Der *Spiegel* beschrieb seinen Führungsstil mit den Worten "gemütliche Tyrannei". Ein Beispiel: Herberger war kein Freund des Rauchens und wollte keinen seiner Spieler mit einem Glimmstengel zwischen den Fingern erwischen. Das Torwart-Duo Kubsch/Kwiatkowski wollte sich der Kontrolle des "Chefs" schließlich dadurch entziehen, daß es auf den Thuner See hinausruderte, um dort in Ruhe "eine zu qualmen".

Der "Bundessepp" mit dem Coupe Jules Rimet.
Seinen Trainingsanzug zog er auch in den eigenen vier Wänden nicht aus.

Durch ein Mißgeschick beim "Einschiffen" gingen beide Baden - war das die gerechte Strafe für den geplanten Verstoß gegen die Herbergerschen Regeln?

Nichts lag dem Fußball-Lehrer ferner, als durch miliätischen Drill wie sein Vorgänger Otto Nerz zu regieren. Mit Jupp Posipal führte er nach dessen schwachen Leistungen bei einem Waldspaziergang stundenlange Gespräche, Fritz Walter befreite er durch psychologisches Geschick von einem zu häufigen Versinken in melancholische Anwandlungen. Und an dem Einzelgänger Helmut Rahn hielt er trotz erbitterten Widerstands der Verbandsführung fest, weil "solch ein Dribbelkünstler manchmal ein Spiel entscheiden kann". Am 4. Juli 1954 gegen 18.45 Uhr erntete Sepp Herberger die Früchte seines Schaffens.

Herbergers Werdegang

Sepp Herberger wurde am 28. März 1897 geboren und spielte als Aktiver für den VfR Mannheim, den SV Waldhof und Tennis Borussia Berlin. Zwischen 1921 und 1925 bestritt er drei Länderspiele, bei seinem Debüt (3:3 gegen Finnland in Helsinki) schoß der Mittelstürmer gleich zwei Tore. In Berlin absolvierte er an der Deutschen Hochschule für Leibesübungen eine Ausbildung zum Sportlehrer, arbeitete ab 1932 beim Westdeutschen Spielverband und wechselte 1936 zum Deutschen Fußball-Bund. Nach dem Fiasko bei den Olympischen Spielen 1936 in Berlin, wo die Elf von Reichstrainer Otto Nerz bereits in der Zwischenrunde die Segel streichen mußte, war Herberger erster Kandidat für die Nachfolge von Nerz. Am 15. November 1936 (beim 2:2 gegen Italien in Berlin) war er erstmals allein für die Nationalelf verantwortlich, im Jahr darauf wurde er offiziell zum Reichstrainer ernannt. Erster Höhepunkt in seiner 27jährigen "Karriere" war 1937 das 8:0 über Dänemark mit der legendären "Breslau-Elf", in der u.a. Paul Janes, Ernst Lehner und Fritz Szepan standen. Die WM von 1938 wurde jedoch für den deutschen - besser gesagt den "großdeutschen" Fußball nach dem Anschluß Österreichs - zur Pleite. Es folgte der 2. Weltkrieg: Am 22. November 1942 fand das vorerst letzte Länderspiel statt - verlorene Jahre für die Weiterentwicklung des Fußballs gingen durchs Land. Erst 1949 konnte Herberger wieder seines Amtes walten und lud zum ersten Nachkriegs-Lehrgang der Nationalmannschaft ein. Am 22. November 1950, auf den Tag acht Jahre nach dem letzten Länderspiel, betrat die deutsche Nationalelf wieder das internationale Parkett. Was folgte, ist Legende. Der Triumph von Bern war das 79. Länderspiel unter Sepp Herbergers Regie. 1958 in Schweden hatte der Bundessepp - nach einigen Mißerfolgen in den Jahren 1955/56 - erneut eine schlagkräftige Mannschaft beisammen, die ins Halbfianle vorstieß. Die WM 1962 in Chile - dort war im Viertelfinale Endstation - war der letzte große Höhepunkt in Herbergers Trainerlaufbahn. Am 7. Juni 1964 - wie 43 Jahre zuvor bei seinem Länderspieldebüt war Finnland der Gegner - verabschiedete sich der "Chef" nach 151 "Einsätzen" als Bundestrainer von der Bühne des Weltfußballs und übergab die Geschäfte an Helmut Schön. In Hohensachsen an der Weinstraße verbrachte der Alt-Bundestrainer zusammen mit seiner Frau Ev seinen Lebensabend. Er starb am 28. April 1977 im Alter von 80 Jahren.

Sepp Herberger und Fritz Walter

Die WM in der Schweiz - ein Plädoyer für den Angriffsfußball

Ein Blick auf die Zahl der geschossenen Tore genügt, um die Titelkämpfe als beste Werbung für den Angriffsfußball zu bezeichnen. 140 Tore in 26 Spielen, also durchschnittlich 5,4 Tore in jeder Begegnung - das kann nicht nur an schlechten Abwehrreihen oder den als Kanonenfutter deklarierten Teams aus Südkorea, Mexiko oder der Türkei gelegen haben. "Das Weltmeisterschaftsturnier hat nun gezeigt, daß jedes Spielsystem zu einer tauglichen Offensivwaffe gestaltet werden kann, wenn physisch und geistig bewegliche Spieler zur Verfügung stehen", zog der Sport die einzig richtigen Schlüsse aus den WM-Tagen. Deutschland, natürlich Ungarn, mit Abstrichen Österreich und die Schweiz - vier Mannschaften aus Mitteleuropa setzten die Akzente und praktizierten Angriffsfußball par excellence. Die Ungarn erzielten exakt 5,4 Tore pro Spiel, die Deutschen trafen mit im Schnitt mehr als vier Toren ebenfalls überdurchschnittlich gut, Schweizer und Österreicher lieferten sich beim legendären Viertelfinalspiel (zwölf Tore) das torreichste Spiel in der Geschichte der Fußball-Weltmeisterschaft. Auf Platz zwei in der "ewigen" Rangliste folgt dann schon - bezeichnenderweise - die Vorrundenpartie zwischen Ungarn und Deutschland (elf Tore).

Die genannten Mannschaften waren vor allem deshalb erfolgreich, weil sie großen Wert auf das Mannschaftsspiel legten und mit ihren "positiven Waffen" kämpften, wie es der *Sport* ausdrückte. Die Pflege des eigenen, offensiven Stils wurde dem Befolgen eines starren Systems - damit ist in erster Linie das WM-System gemeint - vorgezogen. Die einzelnen Akteure mußten immer in Bewegung sein, sie mußten rochieren, taktische Stellungswechsel vornehmen, wie es Sepp Herberger immer wieder forderte und letztlich erfolgreich in die Praxis umsetzte (bzw. umsetzen ließ). "Die Spielanlage entspricht, wenn der Erfolg sich einstellen soll, möglichst der 'Quersumme' der besonderen Anlagen der Spieler" - so analysierte der *Sport* den revolutionären Systemwandel im internationalen Spitzenfußball. Und stellte weiter fest: "Nicht die brutale Kraft, nicht die Zweikampfhärte, nicht die 'Beton-Verteidigungen' haben dominiert und auch nicht die reine Schnelligkeit, das übersteigerte Tempo und das Gewicht, nicht der wuchtige, ungeschlachte Zweihänder, sondern die feinere Klinge des subtil geführten, eleganten Degens hat gesiegt."

Wer waren nun die Verlierer der Weltmeisterschaft, und das nicht nur rein vom Ergebnis her? An erster Stelle natürlich die Briten, dann die Südamerikaner, schließlich Jugoslawen, Franzosen und Italiener. Die oben angesprochene Überbetonung der athletischen Tugenden, dazu fehlende Kreativität hinsichtlich taktischer Innovationen - sprich: starres Festhalten am WM-System - waren der Hauptgrund für das Scheitern der Kicker von der britischen Insel. Selbst Dribbelkünstler Stanley Matthews ging an die Öffentlichkeit und forderte, Angriff statt Verteidigung als Losung für die Zukunft zu wählen. Engländer wie Schotten sahen ein, daß man den bisherigen, sturen Weg des Trainings verlassen mußte, daß es nicht mehr genügte, Platzrunden zu drehen, den Ball zu kicken und mit dem Punchball zu üben. Sir Stanley Rous, der spätere FIFA-Präsident, kritisierte die englischen Vereinsstrukturen. Er sagte, daß es auf dem Kontinent progressivere Vereinsstrukturen mit großzügigen Sportanlagen gäbe. Auf der Insel hingegen bestünde der Verein aus *einem* Stadion, umgeben von Häuserblocks, sowie Anhängern und Aktionären statt Mitgliedern. Ein gesunder Unterbau mit Reserve- und Nachwuchsmannschaften könne so erst gar nicht zustandekommen.

Während sich die Mannschaft aus Uruguay eher als Vertreter des mitteleuropäischen Fußballs präsentierte und das Mannschaftsspiel in den Vordergrund stellte, aufgrund zu schwacher Außenstürmer aber kein perfektes Angriffsspiel inszenieren konnte, scheiterte Brasilien an der falschen Taktik. Das aus exzellenten Solisten bestehende Ensemble beraubte sich seiner stärksten Waffe selbst: Die Stürmer mußten aus taktischen Zwängen heraus in der Abwehr aushelfen, so daß vorne die Durchschlagskraft fehlte. Da zudem das Mannschaftsspiel fast schon traditionell vernachlässigt wurde, war das Ausscheiden gegen den Top-Favoriten aus Ungarn kaum zu verhindern. "Auch Brasilien hatte eine Taktik, aber keine voll durchdachte und keine, die den Spielern in Fleisch und Blut übergegangen ist. Daß sie aber sitzt, setzt viele taktische Beratungen und Besprechungen erfahrener, kluger Betreuer mit den Spielern und der Akteure unter sich voraus. Also ist auch der Schrei nach 'spielen lassen' und die Ablehnung des Theorisieren (Anm. d. Autors: es muß "Theoretisieren" heißen) ebenso falsch wie das Aufoktroyieren eines Schemas", plädierte der *Sport* für einen gesunden Mittelweg, den Deutsche und Ungarn mit dem größten Erfolg einschlugen.

Triumphfahrt entlang des Bodensees

Der Abpfiff im Berner Wankdorfstadion war der Anfang einer Feier ohne Ende. Zurück im Hotel Belvédère in Spiez mußte sich die Mannschaft den Weg durch begeisterte Fans und Blumensträuße ebnen. Bundespräsident Theodor Heuss gehörte ebenso wie Bundeskanzler Konrad Adenauer zu den ersten Gratulanten. Der Bundespräsident teilte u.a. mit: "Ich spreche Ihnen zu Ihrem Erfolg meine herzlichsten Glückwünsche aus und freue mich, Ihnen das Silberne Lorbeerblatt verleihen zu können."

Eine besonders nette Geste wurde den Auswahlspielern des Saarlandes zuteil: Sepp Herberger lud den Qualifikationsgegner, der ja auch der unüberwindliche Stolperstein auf dem Weg in die Schweiz hätte sein können, zum Finale nach Bern ein. Am folgenden Morgen saßen die Schützlinge von Helmut Schön dann im Hotel Belvédère - beim Sektfrühstück gemeinsam mit den frischgebackenen Weltmeistern. "Das war ein sehr schönes Erlebnis für uns", warf der Saarbrücker Nationalspieler Karl Berg Ende 1993 einen Blick zurück mit Freude.

Auf der Rückreise in die Bundesrepublik wurden Deutschlands neue Volkshelden von einer Welle der Begeisterung begleitet. Der Sonderwagen reiste von Spiez über Bern nach Schaffhausen, jenseits der Grenze brachen dann alle Dämme. "Links und rechts, auf den Straßen, auf den Feldern, an den Bahndämmen, auf den Brücken, überall stehen die Menschen. Wir verteilen uns so im Zug, daß die eine Hälfte der Spieler auf der linken, die andere Hälfte auf der rechten Seite zu den Fenstern hinausschaut. Niemand von den Leuten, die vielleicht schon stundenlang warten, soll umsonst gekommen sein. Männer wie Frauen rufen uns zu, Autos hupen. Eine Fabrik im Bodenseegebiet hat ihre Traktoren in Reih und Glied aufgestellt. In dem Moment, in dem unser Triebwagen vorbeifährt, heulen die Werksirenen. Aber auch alte Bauern und Bauersfrauen, die sich ihr Leben lang bestimmt noch nie für Fußball interessiert haben, lassen auf den Feldern die Arbeit ruhen und winken mit weißen Tüchern, die sie extra mitgebracht haben" - so beschrieb Fritz Walter in seinem Buch *3:2* die kaum glaublichen

"Unglaublich, was hier los ist...!" - anders sind die Blicke der Spieler bei ihrer Einfahrt in den Lindauer Bahnhof wohl kaum zu deuten.

Den Berliner Polizisten scheint es sichtlich Freude zu bereiten, die begeisterte Menge zurückzuhalten.

Szenen entlang der Gleise. Über Singen, Radolfzell, Konstanz und Friedrichshafen erreichte der Sonderzug gegen 21 Uhr Lindau, wo der deutsche Troß eine Übernachtung eingeplant hatte. Was sich in der malerischen Stadt am bayerischen Bodensee ereignete, war mit normalen Maßstäben kaum zu messen. "Ein Fieber hatte diese Menschen gepackt, das sie überhaupt nichts mehr überlegen ließ...", hieß es im *Sport.*

In Grünwald schließt sich der Kreis

20 Stunden später näherte sich der Triumphzug seinem Höhepunkt. Auf dem Weg nach München, wo der erste offizielle Empfang stattfand, passierte man Kleinstädte wie Kaufbeuren, Kempten und Immenstadt . Die zahllosen Geschenke und die Bahndämme "schwarz von Menschen" *(Sport)* waren nur ein Vorgeschmack auf das, was noch kommen sollte. In der bayerischen Metropole erwartete die müden Helden - sie konnten die vielen Geschenke kaum noch schleppen - die Hölle. Im positiven Sinne. "Dort spielten sich Szenen ab, wie sie die bayerische Hauptstadt - selbst unter dem Nationalsozialismus, als sie Hitlers bevorzugte Stadt war - noch nie erlebt hat", schrieb ein Beobachter des Züricher *Sport* über den Enthusiasmus der für ihre Bierruhe bekannten Bajuwaren. Und weiter:

Theodor Heuss schüttelt Werner Liebrich die Hand - und die Fotografenschar "hält drauf".

"Hunderte von Polizeileuten vermochten den Spielern schließlich eine Gasse durch die Menge von 300.000 bis 400.000 Leuten zu bahnen. Die Spieler wurden mit 15 funkelnden Mercedes-Kabrioletten zum Rathaus geführt, wo ein 'Heldenempfang' stattfand." Später, im Löwenbräukeller, folgte für Fritz Walter eine Ehrung besonderer Güteklasse: DFB-Präsident Dr. Peco Bauwens ernannte ihn zum Ehrenspielführer der deutschen Fußball-Nationalmannschaft. Übernachtet wurde in der Sportschule Grünwald, also an jenem Ort, an dem fünf Wochen zuvor in aller Ruhe trainiert wurde und niemand auch nur im geringsten daran dachte, derart bewegende Tage wie die vom 4. bis 6. Juli 1954 zu erleben. Am Morgen des 7. Juli war das Abenteuer "Weltmeisterschaft" beendet und die Spieler brachen in ihre Heimatorte auf - zur Fortsetzung des Feier-Marathons.

Trauer und Wut in Ungarn

Nach der überraschenden Niederlage herrschte in Ungarn der Ausnahmezustand, der Schock von Bern war eine nationale Tragödie. Gegen einen Bus, in dem die enttäuschte WM-Delegation vermutet wurde, flogen Steine. In Budapest fand eine Massendemonstration statt, bei der die Absetzung des Sportministers gefordert wurde. Es gab sogar Stimmen ungarischer Historiker, die in der - unbehinderten - Massendemonstration einen Katalysator für den Ungarn-Aufstand 1956 gesehen haben wollten.

90 000 Menschen kamen ins Olympiastadion, um "ihre" Helden zu sehen. Neben der Weltmeisterelf marschieren auch zahlreiche Landsmannschaften in die Arena ein.

Die 22 Weltmeister im Portrait

Toni Turek, der "Fußballgott" vom Rhein. Der WM-Titel brachte auch noch einen Fernseher in sein Wohnzimmer.

Torhüter

Toni Turek

geb. 18. Januar 1919, Duisburg - gest. 11. Mai 1984, Neuss

Der Torhüter von Fortuna Düsseldorf war beim Triumph von Bern bereits 35 Jahre alt und damit der älteste deutsche Spieler. Seine überragende Leistung im Finale ließ den Schlußmann, der stets große Ruhe auf seine Vorderleute ausstrahlte (ein österreichischer Reporter sagte einmal, er hätte "die Ruah von am Weana Hausmeista"), zur Legende werden. Radioreporter Herbert Zimmermann war im Wankdorfstadion fast außer sich vor Begeisterung und schrie ins Mikrophon: "Toni, du bist ein Fußballgott!"

Turek gehörte zu den "Spätberufenen" in der 54er WM-Elf: Erst am 20. November 1950 (beim 1:0 in Stuttgart über die Schweiz) streifte er erstmals das Trikot mit dem Bundesadler über. Schon als 16jähriger war er Bundestrainer Sepp Herberger aufgefallen, doch der 2. Weltkrieg hatte Turek an einer kontinuierlichen Leistungsentwicklung gehindert. Insgesamt bestritt der Düsseldorfer 20 Länderspiele - letztmals hütete er am 16. Oktober 1954 (1:3 in Hannover gegen die Schweiz) das Tor des damals frischgebackenen Weltmeisters.

Begonnen hatte der fang- und faustsichere Torhüter seine Fußballer-Karriere in seiner Heimatstadt, wo er für den Vorortverein FV Duisburg 1900 - auch Stammverein des späteren Dortmunder Nationalspielers Adi Preißler - und Duisburg 48/99 kickte. Nach Kriegsende siedelte der junge Bäckergeselle nach Frankfurt über, trug das Trikot der Eintracht und arbeitete anschließend in einem Ulmer Jugendgefängnis. Vom SSV Ulm zog es ihn 1950 zur Düsseldorfer Fortuna, für die er vier Spielzeiten in der Oberliga West das Tor hütete. Er beendete seine Karriere als 38jähriger bei Borussia Mönchengladbach und wirkte später als Trainer u.a. beim SC Urdenbach und Ratingen 04.

Der Rheinländer mit dem trockenen Humor war nach Ende seiner Fußballer-Karriere jahrelang Angestellter der Düsseldorfer Verkehrsbetriebe. 1973 wurde er pensioniert und zog sich zusammen mit seiner Frau Elisabeth in ein kleines Haus in Kaarst (bei Neuss) zurück. Der Grund für Tureks frühe Pensionierung: Er war an beiden Beinen gelähmt. Mit eisernem Willen kämpfte er gegen die Lähmung an, bewegte sich schließlich mühsam vom Parkplatz bis zur Tribüne des Rhein-

stadions. Doch es folgten neuerliche Schicksalsschläge: Erst bekam er einen Schlaganfall, dann am 8. November 1983 einen Herzinfarkt. Turek wurde in die Düsseldorfer Universitätsklinik eingeliefert, mußte sich einer Herzoperation und einer Gallenoperation unterzieh-
en. Die Glückwünsche zu seinem 65. Geburtstag empfing er Anfang 1984 vom Krankenbett aus, nur vier Monate später war Toni Turek tot. "Ich bin tief erschüttert. Letztes Jahr haben wir noch zusammen Urlaub in Österreich gemacht", meinte Helmut Rahn nach dem Verlust eines Kameraden. Und Werner Liebrich fügte hinzu: "Toni wird mir als ruhiger, gelassener und vor allen Dingen korrekter Mensch in Erinnerung bleiben. Auf ihn war immer Verlaß."

Heinz Kubsch

geb. 20. Juli 1930 - gest. 24. Oktober 1993, Pirmasens

Ein Einsatz beim WM-Turnier blieb dem Pirmasenser Torhüter verwehrt, als dritter Mann hinter Toni Turek und Heinz Kwiatkowski hatte er keine guten Karten. Hinzu kam, daß ihm bei einer Bootspartie auf dem Thuner See - so entzogen sich die Zigarettenraucher im Kader damals den strengen Blicken von Sepp Herberger - ein folgenschweres Mißgeschick passierte. Kubsch wollte seinen Torhüterkollegen Kwiatkowski in das Ruderboot einsteigen lassen, fuhr aber nicht nahe genug an die Ufermauer heran. Anstatt das Boot mit den Füßen heranzuziehen, stieß es Nichtschwimmer "Kwiat" beim Einsteigemanöver auch noch weg - und fiel wenige Augenblicke später von der Ufermauer ins Wasser. Beim Rettungsversuch machte Kubsch eine falsche Bewegung - der Kahn wurde nur nach einer Seite hin belastet und lief voll mit Wasser - und rettete sich per Hechtsprung. Kwiatkowski wurde dennoch gerettet, Kubsch verstauchte sich bei der Rettungsaktion die Schulter. Für den Rest des Turniers war der Pirmasenser außer Gefecht - und damit gleich in zweifacher Hinsicht "Baden gegangen".

Ganz so unglücklich wie diese Episode in der Schweiz verlief die Karriere des gelernten Schreiners nicht. Heinz Kubsch hütete zwischen 1954 und 1956 dreimal das Tor der Nationalmannschaft, so auch beim letzten Spiel vor der Weltmeisterschaft am 25. April (5:3 in Basel über die Schweiz). Gegen den gleichen Gegner bestritt er auch am 21.November 1956 in Frankfurt sein letztes A-Länderspiel, das mit 1:3 verloren ging. Die Stärken des Westfalen, der 1953 von den Sportfreunden Katernberg zum FK Pirmasens gewechselt war, waren eine gute Strafraumbeherrschung, Fang- und Faustsicherheit sowie beständig gute Form. Kubsch war kein Entertainer zwischen den Pfosten, sondern zeichnete sich nach Ansicht des Experten Richard Kirn durch eine "schmucklose Haltekunst" aus.

Mit dem FK Pirmasens erlebte Kubsch in den späten 50er Jahren eine Blütezeit: Dreimal in Folge wurden die Pfälzer Südwest-Meister (1958-60) und standen einmal (1958) sogar im Halbfinale um die Deutsche Meisterschaft, verloren aber in Dortmund gegen den Hamburger SV mit 1:2. Trainer des FKP war zu jener Zeit Helmut Schneider, der 1956 und 1957 mit dem BVB den deutschen Meistertitel nach Dortmund geholt hatte. Über das Erfolgsrezept seiner Mannschaft sagte Schneider einmal: "Vorne hilft uns der liebe Gott und hinten hält Heinz Kubsch alles." 1961 beendete der von Fritz Walter als "großartiger Sportsmann und wunderbarer Mensch" charakterisierte Torhüter seine aktive Laufbahn. Als Inhaber eines Tabakgeschäftes im Zentrum von Pirmasens pflegte Heinz Kubsch noch jahrelang den Kontakt zu den Fußball-Anhängern, ehe gesundheitliche Probleme einen vorzeitigen Rückzug ins Privatleben erforderlich machten. Kubsch verstarb im Herbst 1993 als sechstes Mitglied des WM-Kaders von 1954.

Heinrich Kwiatkowski

geb. 16. Juli 1926

Der Anlaß für Kwiatkowskis Einstand in der Nationalmannschaft hätte ungünstiger kaum sein können: Deutschlands zweiter Gegner bei der WM 1954 hieß Ungarn und Sepp Herberger schickte gerade einmal sechs Spieler jener Elf aufs Feld, die zwei Wochen später im Berner Wankdorfstadion über eben diese Ungarn triumphieren sollte. Achtmal mußte Heinz Kwiatkowski hinter sich greifen - hier sein Kommentar dazu: "Eine solche Erstlings-Vorstellung im deutschen Nationalteam hätte ich mir nie träumen lassen. Wer aber sah, wie gegnerverwirrend und auf die Dauer entnervend die ungarischen Angriffspieler unsere Abwehr buchstäblich auseinandernahmen, mich ins linke Eck lockten und das Leder dann auf der rechten Seite ins Netz schoben, der konnte schon verrückt werden." Auf die Tage in der Schweiz blickt "Kwiat" auch heute noch gern zurück und bekannte: "Ich habe mich dort nie als Reservist gefühlt. Rein sportlich war zwischen mir und Turek kaum ein Unterschied, aber der Toni war eben der reifere." Sauer war er auf Rundfunk-Reporter Herbert Zimmermann, der ihm fast die Alleinschuld an der 3:8-Niederlage gab. "Meine

Frau hat sich das Ungarn-Spiel in einer benachbarten Gastwirtschaft angeschaut. Bei jedem Tor, das ich kassiert habe, drehten sich die Gäste nach ihr um. Schließlich verließ sie vorzeitig das Lokal", blickte er zurück.

Nachdem Kwiatkowski 1956 zwei weitere Male zu Länderspielehren gekommen war, fuhr er 1958 als zweiter Mann hinter Herkenrath erneut mit zur Weltmeisterschaft ("für mich die Bestätigung, daß ich ein guter Keeper war"). Und erneut hütete er das Tor einer deutschen Mannschaft, die als "Rumpfelf" bezeichnet werden mußte. Beim bedeutungslosen Spiel um Platz drei fehlten Fritz Walter, Uwe Seeler, Horst Eckel, Erich Juskowiak und natürlich Fritz Herkenrath, der sich beim Training verletzt hatte. Sechs Tore mußte "Kwiat" gegen die Franzosen um ihre Stürmerstars Kopa und Fontaine hinnehmen, es war sein viertes und letztes Länderspiel.

Mit seinem Verein hatte "Heini" in den 50er Jahren mehr Glück. Der aus dem FC Schalke 04 hervorgegangene und 1953 von Rot-Weiß Essen zum BVB gekommene Keeper reifte unter Trainer "Bumbas" Schmidt zu einem Klassemann. Sowohl 1956 (4:2 über den Karlsruher SC) als auch 1957 (4:1 über den Hamburger SV) gewann er mit seinen Dortmunder Vereinskameraden - in beiden Endspielen lief exakt die gleiche Elf auf - die Deutsche Meisterschaft. 1961 reichte es "nur" zur Vizemeisterschaft (0:3 gegen den 1. FC Nürnberg), zwei Jahre später - beim dritten Titelgewinn des BVB - war Kwiatkowski schon nicht mehr erste Wahl. Der damals 36jährige hatte in Bernhard Wessel und Hans Tilkowski leistungsstarke und vor allem jüngere Konkurrenten. Mit drei Einsätzen in der Bundesliga verabschiedete er sich 1964 von der "großen" Fußball-Bühne.

Von 1953 bis 1989 arbeitete Heinrich Kwiatkowski bei den Dortmunder Stadtwerken, und aus seinen "Jugendsünden" hat er gelernt. "Mittlerweile habe ich Schwimmen gelernt und mir das Rauchen abgewöhnt" - diesen Spruch gibt er oft zum besten, wenn er als Dortmunder "Lokalgröße" über alte Zeiten erzählen muß und an jene verhängnisvolle "Raucherpause" während einer Bootspartie auf dem Thuner See erinnert wird.

Verteidiger

Friedrich Laband

geb. 1. November 1925, Hindenburg - gest. 3. Januar 1982, Hamburg

Der gebürtige Schlesier gehörte bestimmt nicht zu den Spielern, die nach Ende ihrer aktiven Laufbahn vom Glück begünstigt wurden. Eine Knieverletzung, die er sich im August 1954 bei einem Freundschaftsspiel zugezogen hatte, beendete Labands kurze Länderspielkarriere (April bis Juli 1954) vorzeitig. Einen seiner vier Einsätze im Nationaltrikot hatte der Wahl-Hamburger in besonders guter Erinnerung. "Das 2:0 über Jugoslawien 1954 bei der Weltmeisterschaft war der Höhepunkt meiner Laufbahn", blickte er zurück. Nach seiner überragenden Leistung gegen Branko Zebec wurde er als "bester Verteidiger Europas" gefeiert, doch ausgerechnet in dieser Begegnung zog er sich jene Knieverletzung zu, die ihn für die entscheidenden Turnierspiele außer Gefecht setzte und die sechs Wochen später erneut aufbrach.

Beim Hamburger SV, zu dem er 1950 von Anker Wismar gewechselt war, entwickelte sich der bescheidene Verteidiger zu einem Klassemann. Laband galt als temperamentvoller Spieler, der nicht selten über sich hinauswuchs. Mit seinem Verein wurde er bis 1956 fünfmal Norddeutscher Meister und stand zum Abschluß seiner HSV-Zeit im DFB-Pokalfinale, das der Karlsruher SC mit 3:1 gewann.

Im Sommer 1961 eröffnete Laband in Hamburg eine Gaststätte - ein Schritt, der ihm fast zum Verhängnis geworden wäre. Der Grund: Das Ehepaar Laband kam finanziell auf keinen grünen Zweig und die Besitzerin der Gaststätte - gleichzeitig auch Geschäftsführerin - verkaufte 1964 das Lokal, so daß das Ehepaar Laband plötzlich ohne Arbeit dastand. "Da merkte ich, daß man nur in der Freude Freunde hat. Da hieß es dann immer: Das kannst du schon; das machst du schon. Und langsam wurde ich in etwas hineingerissen, dessen Folgen ich gar nicht überblicken konnte", sagte Laband Ende der 60er Jahre, nachdem er den Tiefpunkt in seinem Leben überwunden hatte. Der frühere HSV-Präsident Compart hatte ihm in seiner Fahrzeugbaufirma eine Stelle besorgt, der altgediente Verteidiger nutzte seine Chance und arbeitete sich bis zum Betriebsrat empor. Und er wurde mit einem für viele "Fußballgrößen" typischen Problem fertig . "Der Sport übt an vielen Sportlern Verrat. Denn er macht es seinen Schützlingen am Anfang oft zu leicht, im Beruf Tritt zu fassen. Und wenn man nicht erkennt, daß vielleicht die sportliche Leistung für einen beruflichen Erfolg ausschlaggebend gewesen ist, dann gerät man leicht in einen verderblichen Sog", merkte er an.

Das Schicksal spielte dem Vater zweier Söhne noch einmal grausam mit: Anfang 1981 wurde er viermal am Kehlkopf operiert, im August erfolgte der nächste Eingriff, ein halbes Jahr

Werner Kohlmeyer am Cello. Für den Lauterer war Bern im Nachhinein kein Glücksfall.

später war Fritz Laband tot. Einer, der auch ihm in schweren Stunden immer zu Seite gestanden hatte, war sein Berner Mitstreiter Jupp Posipal gewesen. "Er war einer der letzten, mit dem man durch dick und dünn gehen konnte", sagte Posipal über den Verstorbenen.

Werner Kohlmeyer

geb. 19. April 1924, Kaiserslautern - gest. 26. März 1974, Mainz

Im Leben des WM-Verteidigers von 1954 wechselten Licht und Schatten einander ab. Großen sportlichen Triumphen folgte der soziale Abstieg, dann die geglückte Reintegration in die Gesellschaft, schließlich der frühe Tod im Alter von knapp 50 Jahren. "Vielleicht war es der größte Fehler meines Lebens, daß ich Fußball gespielt habe", urteilte Kohlmeyer, als er Anfang der 70er Jahre wieder Fuß gefaßt hatte und als Pförtner bei der *Allgemeinen Zeitung* in Mainz arbeitete. Was war in all den Jahren mit "Kohli", wie ihn Fans und Freunde nannten, geschehen? Nach dem Berner Triumph genoß der gelernte Buchhalter und dreifache Familienvater das "süße Leben", feierte, trank und träumte von einer sorgenfreien Zukunft ... und vergaß darüber seine Arbeit. Kohlmeyer wurde schließlich seinen Job, seine Frau und seine Gönner los. Trost spendete allein der Alkohol. Werner Kohlmeyer verließ seinen Heimatort und schlug sich jahrelang mehr schlecht als recht durchs Leben, vegetierte am Rande der Gesellschaft vor sich hin. Heute würde man ihn als "kaputten Typen" bezeichnen, früher hatte man für Fälle wie den seinen weitaus entwürdigendere Bezeichnungen parat. Am Tiefpunkt seines Leben angelangt, wurde ihm von einem Mainzer Sportjournalisten die Chance zum Neuanfang geboten. Kohlmeyer erhielt Arbeit und Wohnung, gewann langsam aber sicher wieder Boden unter den Füßen. Mit seiner Mutter hatte er zuletzt eine Drei-Zimmer-Wohnung im Mainzer Stadtteil Mombach bewohnt. "Seine Persönlichkeit gewinnt von Halbjahr zu Halbjahr wieder mehr an Kontur", freute sich Sportjournalist Werner Höllein kurz vor Kohlmeyers Tod. Höllein war zusammen mit Fritz Walter und Sepp Herberger einer der der wenigen Menschen, die ihn nie im Stich gelassen haben. "Er war nicht nur ein großartiger Fußballer, sondern auch ein hilfsbereiter und zuverlässiger Kamerad" - diese Worte sprach Herberger am Grab des Verstorbenen.

Als linker Verteidiger hatte Werner Kohlmeyer überwiegend die Sonnenseiten des Lebens kennengelernt. Der vielseitige Sportler - er lief die 100 m deutlich unter elf Sekunden und sprang 7,34 m weit - lieferte beim 3:2 über die Ungarn sein wohl bestes Spiel im Nationaltrikot. Mehrfach rettete er für den geschlagenen Turek - "auf 'Kohli' war eigentlich immer Verlaß", beschrieb der Sportjournalist Karl-Heinz Jens seine fußballerischen Qualitäten. Nach Ende seiner Zeit beim 1. FC Kaiserslautern, mit dem er 1951 und 1953 den deutschen Meistertitel geholt hatte, wirkte er ab 1956 noch zwei Jahre als Spielertrainer beim damaligen Südwest-Zweitligisten FC Homburg. Anschließend trainiert der 22fache A-Nationalspieler (1951-55) den saarländischen Klub SV Bexbach.

Herbert Erhardt

geb. 6. Juli, 1930, Fürth

Ein WM-Einsatz blieb dem Fürther 1954 in der Schweiz noch versagt ("trotzdem war ich damals nicht unzufrieden"), doch vier Jahre später in Schweden und auch noch 1962 in Chile gehörte Erhardt zum Stamm der deutschen Nationalmannschaft. Nach Hans Schäfer war er in Chile der zweitälteste im Kader von Sepp Herberger, der verstärkt auf junge Leute gebaut und damit das Durchschnittsalter auf 26 Jahre gesenkt hatte. Erhardt war als Stopper ebenso verwendbar wie als Verteidiger, galt als kompromißlos im Zweikampf und generell als umsichtiger Abwehrdirigent.

Nahezu 20 Jahre lang blieb er seinem Stammverein treu und verließ erst 1962 für eine Ablösesumme von 50.000 Mark die Fürther Spielvereinigung in Richtung Bayern München. Den Beginn der glorreichen Bayern-Ära, die mit dem Bundesliga-Austieg 1965 begann, machte er jedoch nicht mehr mit. Angebote aus Italien haben ihm im Gegensatz zu seinen Nationalmannschaftskollegen Albert Brülls und Helmut Haller nicht vorgelegen - Herbert Erhardt hat dafür eine Erklärung: "Abwehrspieler waren damals in Italien nicht gefragt."

Von 1953 bis 1962 trug Erhardt 50mal das Nationaltrikot und lag damit hinter Paul Janes, Ernst Lehner und Fritz Walter einige Jahre lang an vierter Stelle der "ewigen" Länderspielrangliste.

Der bescheidene Franke erwarb noch während seiner aktiven Karriere in Köln die Lizenz als Fußball-Lehrer, und trainierte später überwiegend Amateurmannschaften. Daß er den Trainerjob nicht hauptberuflich ausübte, lag an seiner Tätigkeit als Lehrer an einer Fürther Hauptschule, wo er noch bis Anfang 1994 unterrichtete.

Bei einem Vergleich zwischen dem Fußball von damals und von heute schneiden die hochbezahlten Kicker der 90er Jahre schlecht ab. "Für das, was sie leisten, verdienen sie zuviel. Spieler wie Fritz Walter oder Ottmar Walter haben vor dem Tor längst nicht so oft versagt, wie es die Profis von heute tun. Der Fritz wäre jetzt 50 Millionen wert", führte er an. Und setzte noch eins drauf: "Wenn einem Dachdecker solche Dinge passieren, würde er täglich abstürzen."

Dem Fürther ist um die Zukunft des deutschen Fußballs bange, nicht zuletzt, weil das Spiel mit dem Ball im Vergleich zur physischen Ausbildung der Spieler zu kurz zu kommen scheint. "Die ausländischen Spieler stellen bei uns mittlerweile die Spielerpersönlichkeiten dar. In der Vergangenheit haben wir diese Rolle in Italien gespielt", wies er auf eine bedenklich stimmende Entwicklung hin.

Hans Bauer

geb. 18.7.1927, München

Der Münchner brauchte fast sieben Jahre, um auf insgesamt fünf Länderspiele zu kommen. Seinen Einstand in der Herberger-Elf gab er am 23. Dezember 1951 beim 4:1 über Luxemburg in Essen. Vier Monate später erhielt er gegen denselben Gegner erneut eine Chance im DFB-Dress, bevor für zwei Jahre Funkstille herrschte. Ausgerechnet bei der Weltmeisterschaft 1954 gehörte er dann wieder zum erlauchten Kreis und kam in der Schweiz sogar zweimal zum Einsatz, bei der Vorrunden-Kanterniederlage gegen die Ungarn und beim anschließenden Sieg im Entscheidungsspiel gegen die Türkei. Bauer, der über den MTV und Wacker im Jahre 1948 zum FC Bayern München gestoßen war, spielte in der Regel auf der linken Verteidigerposition. Er galt als schneller und aufmerksamer Spieler, bei dem jedoch Licht und Schatten wechselten. Die Formschwankungen lagen im Naturell des sensiblen "Sonnyboy" begründet. Während ihn Sepp Herberger bis 1958 - in Paris bestritt Bauer sein letztes Länderspiel - nicht berücksichtigte, stand er beim FC Bayern in jenen Jahren außerhalb jeglicher Diskussion. Bis 1959 trug er noch das Trikot des Münchner Renommierklubs und bestritt in zehn Oberligaspielzeiten insgesamt 226 Spiele. Dabei durchlebte er alle Höhen und Tiefen: 1955 stieg er von der Oberliga in die 2. Liga Süd ab, drei Jahre später gewann er mit Fazekas - dem ungarischen Torhüter - , Siedl, Sommerlatt & Co. den DFB-Pokal durch ein 1:0 in Augsburg über Fortuna Düsseldorf.

Zu den Mitstreitern jener Tage hat der als Eigenbrötler geltende Hans Bauer keinen Kontakt mehr, die regelmäßigen Treffen der Bayern-"Veteranen" finden ohne ihn statt. Die letzte Kunde von dem früheren Bankangestellten stammt von Ende 1993, als er nach mehr als 20jähriger Ehe seine Frau verließ. "Es war ein Schock für mich, doch da kann man nichts machen", sagte sie zu der unerwarteten Trennung. Seitdem ist Hans Bauer ebenso wie sein Sohn Rolf nicht mehr im Münchner Stadtteil Pasing erreichbar.

Läufer

Horst Eckel

geb. 8.2.1932, Vogelberg

Er ist der jüngste der "Helden von Bern", und wenn nicht alles täuscht, ist er auch der rüstigste der elf Finalteilnehmer. "Ich bin dazu verdammt, auf immer und ewig Sport zu treiben", sagte Horst Eckel Ende der 80er Jahre. Nicht, daß er etwas gegen sportliche Aktivitäten hätte. Im Gegenteil: Sport ist sein Leben, und das Herz-Kreislaufsystem des

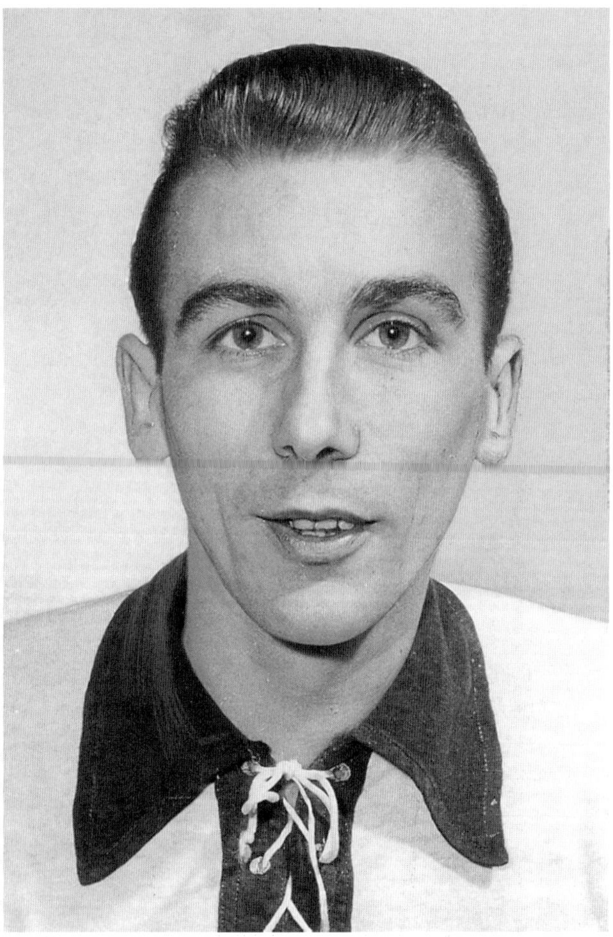

Horst Eckel, "Benjamin" der Weltmeisterelf. Für ihn gab es auch noch eine Sportlerkarriere nach seiner Zeit als Fußballer

Pfälzers würde durch eine längere Zeit der Inaktivität Schaden nehmen. Allein schon der Beruf bringt es mit sich, daß Eckel körperlich fit bleibt: Als Lehrer für Sport und Werken an einer Realschule bei Kusel macht er seinen Schülern viele Übungen noch selbst vor. Er spielt Tennis und Tischtennis, "natürlich nur um Punkte, sonst würde es mir keinen Spaß machen", kickt in der Traditionsmannschaft des 1. FC Kaiserslautern und läuft die 5000 m in nicht viel mehr als 20 Minuten.

Als Dauerläufer mit einer hohen Grundschnelligkeit war Horst Eckel auch während seiner aktiven Zeit bekannt - der Spitzname "Windhund" besagt im Grunde genommen alles. Doch er konnte mehr als nur laufen: Exzellente Ballführung, elegantes Zweikampfverhalten und vielseitige Verwendbarkeit - er war "Mädchen für alles" und ließ nur die Torwart- und Verteidigerposition aus - waren seine herausragenden Eigenschaften. Am effektivsten war Eckel jedoch als rechter Läufer - heute würde ihn ein Trainer ins offensive Mittelfeld stellen. Mit 15 Jahren spielte er bereits in der ersten Mannschaft seines Heimatvereins SC Vogelbach, zwei Jahre später wechselte er zum 1. FC Kaiserslautern und sicherte sich am Betzenberg auf Anhieb einen Stammplatz. 1951, gerade 19 Jahre alt, wurde Eckel mit Fritz Walter & Co. durch ein 2:1 über Preußen Münster erstmals Deutscher Meister. 1953 wiederholten die Lauterer diesen Triumph (4:1 über VfB Stuttgart), 1954 und 1955 waren sie im Finale Hannover 96 bzw. Rot-Weiß Essen unterlegen.

Natürlich war das 3:2 von Bern die Sternstunde seiner Laufbahn ("ein Erlebnis, wie es im Sport nie wieder auf mich zukam"). Der laut Rudi Michel "ballbesessene Alleskönner" gehörte aber auch 1958 in Schweden noch zum deutschen WM-Kader, aus dem sich eine Stammelf herauskristallisierte, der neben Eckel mit Fritz Walter, Hans Schäfer und Helmut Rahn noch drei weitere "Helden von Bern" angehörten. Die 1:3-Halbfinalniederlage gegen die Auswahl des Gastgebers war eines seiner letzten Länderspiele, den endgültigen Abschied aus der Nationalelf vollzog er am 19. November des gleichen Jahres. Beim 2:2 in Berlin gegen Österreich streifte Horst Eckel zum 32. Mal das Nationaltrikot über, das er fast auf den Tag genau sechs Jahre zuvor (beim 5:1 über die Schweiz in Augsburg) erstmals getragen hatte. Weniger sportliche als vielmehr berufliche und private Gründe waren ausschlaggebend dafür, daß er sich von der internationalen Bühne verabschiedete. Eckel, gelernter Mechaniker, nahm Ende 1958 eine Stelle im saarländischen Völklingen an. Im Jahr darauf heiratete er - mit seiner Frau Hannelore hat der in dem kleinen Ort Bruchmühlbach-Miesau lebende Lehrer zwei Töchter.

Josef Posipal

geb. 20.6.1927, Lugosch (Siebenbürgen)

Jupp Posipal und Frau Gisela beim Blick in die privaten Poesiealben

Sowohl auf dem Fußballfeld als auch später im Berufsleben stellte "Jupp" Posipal die Solidität in Person dar. Nur einmal, ausgerechnet bei der Fußball-WM in der Schweiz, hatte der gebürtige Banat-Deutsche einen kurzen "Aussetzer". Bei den ersten drei Begegnungen spielte er - von einer Knöchelverletzung, die er sich im Vorfeld der Titelkämpfe zugezogen hatte, noch nicht ganz genesen - weit unter Form. Posipals Rat an Sepp Herberger vor dem Viertelfinale: "Ich glaube, Sie nehmen im Jugoslawien-Spiel doch besser einen anderen! Ich kann nicht hundertprozentig garantieren, daß ich so spiele, wie Sie es von mir erwarten." Allein diese Äußerung beweist, daß Posipal ein echter Sportsmann war und sich selbst nicht um jeden Preis in den Vordergrund stellen wollte. Der Mittelläufer wurde für seinen bereitwilligen Verzicht auf das Viertelfinale mit dem Happy-End von Bern belohnt.

Es war die Krönung einer an Höhepunkten nicht gerade armen Fußballer-Karriere. Der 1943 aus Siebenbürgen - zwecks Arbeit in einer Rüstungsfabrik - nach Hannover zwangsumgesiedelte Posipal kam 1949 über Linden 07 und Arminia Hannover zum Hamburger SV. Unter "Schorsch" Knöpfle reifte er zu einem Mittelläufer von internationaler Klasse, wurde mit dem hanseatischen Renommierklub siebenmal Norddeutscher Meister, gehörte 1957 (1:4 gegen Borussia Dortmund) der Hamburger Vizemeisterelf an und beendete 1958 nach dem erneuten Vizetitel (0:3 gegen Schalke 04) seine Karriere. 32mal trug Posipal zwischen 1951 und 1956 das Nationaltrikot, sein einziges Tor schoß er am 4. Mai 1952 beim 3:0 in Köln über Irland. Ein Jahr später wurde dem kopfball- und zweikampfstarken Stopper die große Ehre zu Teil, in London anläßlich des 90jährigen Jubiläums des Englischen Fußballverbandes mit der Weltauswahl gegen das Gastgeberland zu spielen.

Für seinen Einsatz beim 4:4-Unentschieden erhielt Posipal 1000 Pfund (damals etwa 12.000 Mark) - fast ein Vermögen im Vergleich zu den 320 Mark monatlich, die er beim HSV kassierte.

Der Fußball ("er hat mein Leben geprägt und beeinflußt, deshalb denke ich gerne zurück") war für Jupp Posipal nicht mehr als eine schöne Episode seines Lebens. Seit 1955 war er für ein süddeutsches Möbelunternehmen tätig, zuletzt als Generalvertreter Norddeutschland. Bei seiner Arbeit wurde er stets von seiner Frau Gisela , die er 1951 geheiratet hatte, unterstützt. Als Posipal Ende 1992 in den Ruhestand ging, übergab er die Geschäfte an seinen Sohn Peer (geb. 1962), der sich zuvor ebenfalls als Fußballer versucht hatte.

Mitte der 80er Jahre spielte er für Eintracht Braunschweig in der Bundesliga, seine letzte höherklassige Station war der Oberligist Preußen Münster. Bei seinem 65. Geburtstag im Juni 1992 strahlte der in Hamburg-Lokstedt wohnende Hobbygärtner rundherum Zufriedenheit aus und sagte: "Ich freue mich, daß ich alles so gepackt habe, alle gesund sind, und ich immer noch so im Einsatz sein kann."

Karl Mai

geb. 27. Juli 1928, Fürth - gest. 15. März 1993, Fürth

Ein Spieler, der im Rampenlicht stand, war Karl Mai nie. Beim Aufzählen der elf Weltmeister von Bern wird sein Name häufig vergessen - ein ehrenvoller Platz in der deutschen Fußballgeschichte ist dem Fürther dennoch sicher. Im wichtigsten Spiel seines Lebens hatte er entscheidenden Anteil daran, daß der ungarische Goalgetter Sandor Kocsis leer ausging. Als Außenläufer, unermüdlicher Antreiber und in Defensive wie Offensive höchst wirkungsvoller Akteur, verkörperte Mai den idealen Allroundspieler. "Wenn der Karl Mai 30 Jahre jünger wäre, müßte Matthäus um seinen Platz im Nationalteam bangen", schrieb der Kicker 1988 zu seinem 60. Geburtstag.

Obwohl er immerhin fünf Jahre (1953-58) zum Kreis der Nationalmannschaft zählte, bestritt Karl Mai "nur" 21 Länderspiele. Ein möglicher Grund für dieses Diskrepanz: Auf dem Platz erfüllte der Fürther zwar stets die ihm gestellten Aufgaben, doch außerhalb des Spielfeldes gab er dem "Bundessepp" auch schon einmal Kontra. Fritz Walter charakterisierte ihn wie folgt: "Charly, ein lieber feiner Kerl, der sich zum Glück nie auf dem Spielfeld, sonst aber durch harmlosen Flachs leicht aus der Ruhe bringen läßt."

Seine fußballerische Grundausbildung genoß Mai am Fürther Ronhof, wo er aus der Jugend Ende der 40er Jahre in die erste Mannschaft aufrückte. Der ganz große Erfolg im Dress der Spielvereinigung, immerhin dreifacher Deutscher Meister, blieb ihm versagt. 1950 erreichten die Fürther als Südmeister die Endrunde zur Deutschen Meisterschaft, wo der spätere Titelträger VfB Stuttgart die Endstation bedeutete. 1958 wechselte der konditionsstarke Läufer zum FC Bayern München, bei dem er drei Jahre blieb. In der Isarmetropole baute sich Mai eine berufliche Existenz auf und eröffnete ein Schreibwarengeschäft. Zum Ausklang seiner Karriere zog es ihn ins Ausland: In der Spielzeit 1961/62 kickte er für die Young Fellows Zürich, von 1962 bis 1964 verdiente er beim Vorarlberger Klub FC Dornbirn sein Geld. "Ohne dieses Engagement und mein gut florierendes Schreibwarengeschäft in München wäre ich arm wie eine Kirchenmaus gewesen", begründete der gelernte Bäcker und Konditor seinen Gang über die Grenzen.

Sein Münchner Geschäft behielt Karl Mai noch bis 1974, dann machte eine schwere Darmoperation die Aufgabe dieses beruflichen Standbeins unumgänglich. Er kehrte in seinen Geburtsort zurück und war dort als Sportlehrer an einer Hauptschule tätig. Mit dem Fußball hatte Mai zuletzt nur noch wenig zu tun ("für mich gibt es inzwischen im Leben weit wichtigere Dinge"), nachdem er Anfang der 80er Jahre noch als Trainer unterklassiger Klubs tätig gewesen war. Sein Tod im März 1993 kam nicht völlig unerwartet - vorangegangen waren zwei schwere Operationen.

Werner Liebrich

geb. 18. Januar 1927, Kaiserslautern

Mit der Vergangenheit, sprich dem Ruhm von einst, hat der Kaiserslauterner 40 Jahre nach dem Berner Triumph längst abgeschlossen. "Im Prinzip sind wir doch die Deppen der Nation gewesen" - aus Werner Liebrichs Worten klingt Bitterkeit über die Art und Weise, wie sich die Öffentlichkeit mit den Meriten der

Werner Liebrich galt einst als der beste Stopper der Welt.

54er Weltmeister geschmückt hat und wie die Medien die "Helden von Bern" immer wieder für ihre Zwecke eingespannt haben. Doch nur wenige Spieler haben ihre sportlichen Erfolge in bare Münze umwandeln oder als Sprungbrett für eine berufliche Karriere nutzen können. Liebrich selbst hatte 1950 ein Angebot vom AC Mailand, blieb aber seinem Stammverein treu. In jener Zeit eine normale Entscheidung, die den Wertvorstellungen entsprach. "Aber heute zählt ja nur noch das große Geld", kritisierte Liebrich unlängst den Wertewandel und fügte hinzu: "Aber da stehe ich inzwischen drüber." Als Inhaber eines Zeitschriftenladens mit Lotto- und Toto-Annahmestelle, den er zusammen mit seiner Frau Annemarie in der Kaiserslauterner Eisenbahnstraße führt, ist Werner Liebrich beruflich immer noch gut ausgelastet und steht täglich bis zu sechs Stunden hinter dem Ladentisch. Und das, obwohl er sich 1983 und 1988 zwei Herzoperationen unterziehen mußte (vier Bypässe sowie eine neue Herzklappe). Rudi Michel charakterisierte ihn als einen Menschen, der nie aufgibt und schrieb zu Liebrichs 65. Geburtstag: "Der 'Rote' ist zwar grau geworden, aber das Feuer blitzt immer noch beachtlich aus den Augen, immer noch ist er Stimmungskanone, feiert gern, doch läßt er sich nicht feiern."

Über seine eigenen Leistungen hat er nie gern geredet, auch wenn sie noch so beachtlich waren. Mit dem 1. FC Kaiserslautern, dem der athletische Defensivspieler stets die Treue gehalten hatte, gewann er 1951 und 1953 die Deutsche Meisterschaft. Die Sternstunden seiner Karriere erlebte Liebrich zweifelsohne 1954 in der Schweiz, als er in den entscheidenden Spielen eine Weltklasseleistung bot und zum besten Stopper des WM-Turniers avancierte. Wenige Monate später erntete der harte, aber faire Stopper auf der britischen Insel (bei der deutschen 1:3-Niederlage gegen England) höchstes Lob und wurde von der Presse zum Weltklasse-Stopper "befördert". Liebrichs internationale Karriere dauerte noch bis 1956, ehe der 16fache Nationalspieler wegen einer langwierigen Leistenverletzung kürzer trat. Im Verein startete er 1958 ein erfolgreiches Comeback. Nach Ende seiner aktiven Zeit trainierte der gelernte Postbeamte sechs Jahre lang die Amateure des 1. FC Kaiserslautern und führte sie 1973 in das Endspiel um die Deutsche Amateurmeisterschaft (0:1 gegen SpVgg Homburg). Auch bei den Profis mußte er einmal aushelfen und sprang am Saisonende 1984/85 für Gyula Lorant ein. Mit Erfolg - die "Roten Teufel" schafften durch ein 2:1 bei Eintracht Frankfurt den Klassenerhalt.

Paul Mebus

geb. 9. Juni 1920, Rheine/Westfalen - gest. 12. Dezember 1993, Köln

Die Weltmeisterschaft in der Schweiz war Mebus nicht unbedingt in positiver Erinnerung: Beim 3:8 gegen Ungarn zog er sich beim Zusammenprall mit Kocsis eine Verletzung zu - es war das Ende seiner internationalen Karriere, in deren Verlauf er seit 1951 sechs Länderspiele bestritten hatte. Die Verletzung hinderte ihn jedoch nicht daran, abends im deutschen WM-Quartier in Spiez mit einigen Mitspielern so ausgiebig und lautstark zu feiern, daß Sepp Herberger ihn aus dem Kader ausschließen wollte. Allein die Fürsprache von Fritz Walter und Helmut Rahn verhinderte die vorzeitige Heimkehr des Rheinländers.

Zum Fußball war Paul Mebus durch seinen Vater sowie durch seine beide Onkel gekommen, die alle drei Mitbegründer des Benrather FC waren (später VfL Benrath 06). Schon mit 17 Jahren spielte er in der ersten Mannschaft und eiferte seinem großen Vorbild Karl Hohmann nach, der mit 26 Einsätzen (1930-37) "Rekordnationalspieler" des VfL Benrath war. 1946 kehrte Mebus aus der Kriegsgefangenschaft zurück, vier Jahre später saß er beim ersten Nachkriegsländerspiel in Stuttgart gegen die Schweiz auf der Bank und wenige Monate später wechselte er zum 1. FC Köln. Das war das Sprungbrett zum Nationalspieler. "Das 2:0 im September 1951 gegen Österreich in Wien war mein schönstes Länderspiel-Erlebnis. Damals spielte ich gegen den berühmten Stojaspal und schaltete ihn völlig aus", erinnerte er sich mehr als 40 Jahre danach. Mebus beeindruckte vor allem durch seine Stärke im Kopfballspiel, das hob auch sein Mitspieler Hans Schäfer hervor: "Paul war zwar nicht sehr groß, besaß aber eine enorme Sprungkraft und gewann so entscheidende Kopfballduelle selbst gegen körperlich viel größere Gegenspieler." Für den 1, FC Köln bestritt "Paule" Mebus rund 200 Spiele, bildete dort u.a. mit Jupp Röhrig und "Schorsch" Stollenwerk eine starke Läuferreihe und errang 1954 vor Schalke 04 und Rot-Weiß Essen die Westdeutsche Meisterschaft.

1957 nahm Mebus am ersten Fußballtrainer-Lehrgang des DFB unter der Leitung von Sepp Herberger an der Kölner Sporthochschule teil und Bestand mit der Note "eins". Er arbeitete zusammen mit Hennes Weisweiler ("als Spielertrainer des 1. FC setzte er in Köln neue und richtungsweisende Akzente") als Assistent von Herberger, trainierte später TuRa Hennef und Eitorf 09. Hauptberuflich führte er kurze Zeit mit seiner Frau Martha in Köln ein Geschäft für exklusive Herrenmoden, dann besorgte ihm der damalige FC-Präsident Peter Weiand in seiner Eigenschaft als Lotto-und-Toto-Direktor in Köln eine Stelle als Lagerverwalter in diesem Unternehmen. Mebus, der 1983 von seiner Frau geschieden wurde, erlitt 1991 einen Schlaganfall und war seitdem an den Rollstuhl gefesselt. In seiner Wohnung im Kölner Agnesviertel wurde er zuletzt von Sohn Mario betreut, sein zweiter Sohn (Axel) lebt bereits nicht mehr. Mit Mebus verstarben 1993 binnen neun Monaten bereits drei Mitglieder des 54er WM-Kaders.

Karl-Heinz Metzner

geb. 9. Januar 1923, Kirchditmold

An "Gala" Metzner denken die wenigsten Fußball-Experten, wenn sie den 54er WM-Kader lückenlos aufzählen sollen. "Gala" - jeder Kasseler kennt ihn nur unter diesem Namen - sollte ursprünglich im Wiederholungsspiel gegen die Türken auflaufen, mußte dann aber Horst Eckel den Vortritt lassen. "Da war ich enttäuscht. Ich hatte mit meinem Einsatz gerechnet", erinnerte er sich. Das erste seiner zwei Länderspiele bestritt Metzner am 28. Dezember 1952 beim 2:2-Unentschieden in Spanien, acht Monate später war der Halbstürmer beim 3:0-Sieg im WM-Qualifikationsspiel gegen das Saarland ebenfalls mit von der Partie. Bei seinem internationalen Debüt war der Hesse also fast 30 Jahre alt - in der Nachkriegszeit nichts Ungewöhnliches.

Metzner fiel dem DFB schon als Jugendlicher durch sein Talent auf, doch der Kriegsausbruch verhinderte eine kontinuierliche Weiterentwicklung. Während der Soldatenzeit spielte "Gala" bei Borussia Fulda, kehrte dann zu seinem Heimatverein nach Kirchditmold zurück und schloß sich 1949 dem KSV Hessen Kassel an. Dort wirkte er als "fleißiger, unentbehrlicher Spielmacher", so die Meinung des Sportjournalisten Karl-Heinz Jens, und imponierte durch exzellente Technik und präzise Pässe. Bis 1961 absolvierte Metzner 620 Spiele im Dress der "Löwen", ehe am 5. August 1961 die Stunde des Abschieds schlug. Tausende von Kasselern jubelten ihm bei einem Freundschaftsspiel gegen Radnicki Belgrad ein letztes Mal zu. Im Anschluß war "Gala" Metzner noch in der Amateur- und Altherren-Mannschaft "seiner" Hessen aktiv und betreute die Kicker des VfL Kirchditmold.

Obwohl er in der Schweiz nicht zum Einsatz gekommen war, erinnert sich Karl-Heinz Metzner gern an jene Tage zurück. "Wir waren damals zwei Wochen zwischen Frankfurt, Bonn und Berlin unterwegs, und wenn wir im offenen Wagen durch die Straßen fuhren, winkten uns die Menschen, vor allem auch die Kinder, die schulfrei hatten, begeistert zu", blickte er zurück. Vor 100.000 Menschen im Berliner Olympiastadion verlieh ihm Bundespräsident Theodor Heuss das Silberne Lorbeerblatt, das in Metzners Vitrine ebenso blitzt wie die goldene Leistungsnadel seines Vereins und die Goldnadel der FIFA zur Erinnerung an den Triumph von Bern.

Den heutigen Profi-Fußball betrachtet "Gala", der lange Jahre Bundesbahn-Angestellter war, mit Skepsis: "Da zählt nur noch das Geschäft. Neidisch auf die hohen Gehälter bin ich allerdings nicht. Mit der Zeit, in der ich Fußball gespielt habe, bin ich zufrieden." Einem Termin blickt er alle fünf Jahre mit besonderer Freude entgegen - dem traditionellen Wiedersehen mit seinen Kameraden aus den Tagen in der Schweiz.

Ottmar Walter

geb. 6. März 1924, Kaiserslautern

Ottmar Walter war fast Zeit seines Lebens "nur" der Bruder eines Fußball-Genies namens Fritz Walter. Daß er beim deutschen Triumph in Bern auch auf dem Feld stand, wurde von vielen kaum registriert. "Wenn ich Artikel über diese großen Erfolge lese, frage ich mich manchmal: Warst du da eigentlich auch dabei?" - diese Worte des 21fachen Nationalspielers drücken Bitterkeit aus. Folgendes Zitat des *Sport-Informations-Dienstes* sagte eigentlich alles über die Rollenverteilung innerhalb des Brüderpaares aus: "Ottmar Walter hatte die brüderliche Kunst auf das Handwerkliche zu reduzieren, nämlich Tore zu erzielen." Gleich bei seinem ersten Länderspieleinsatz - es war gleichzeitig das erste Nachkriegsländerspiel der DFB- Auswahl und sein Bruder Fritz fehlte aus Verletzungsgründen - strafte der Kaiserslauterner Sturmführer alle Kritiker Lügen. Denn die glaubten, daß ein Ottmar Walter ohne seinen Bruder Fritz nur die Hälfte wert sei. Der vorab Verurteilte antwortete auf seine Weise und avancierte in Stuttgart beim 1:0 über die Schweiz zum besten Mann auf dem Platz. Sinn für Kombinationsspiel, ein gefürchteter Schuß und ein exzellentes Spiel ohne Ball waren die Vorzüge des "spielenden" Mittelstürmers. In 750 Spielen für die "Roten Teufel" erzielte er mehr als 500 Tore, zweimal führte er die Torschützenliste der Oberliga Südwest an, mit 53 Treffern als Rekordmarke.

1950 wollte Stade Reims den ideenreichen Stürmer für ein Handgeld von 180.000 Schweizer Franken vom Betzenberg weglocken, doch Ottmar Walter winkte ab. Er hing an seinem Stammverein, hatte gebaut

Nach Ende seiner Karriere konzentrierte sich Ottmar Walter ganz auf die Arbeit als Tankstellenbesitzer.

und war gerade Vater geworden. Nur einmal, in den Kriegsjahren, mußte er die Pfalz verlassen. Als Marinesoldat verschlug es ihn gen Norden und er trug als Gastspieler das Trikot des SV Cuxhaven und von Holstein Kiel. Der 2. Weltkrieg bedeutete auch für "Ottes", wie ihn sein Bruder nannte, Leid und Schmerz. 1943 erlitt er bei einem Seegefecht nahe der französischen Hafenstadt Brest eine Knieverletzung . Dreimal (1947, 1951 und 1953) wurde er deswegen operiert, 1956 mußte er seine Länderspielkarriere beenden. Für den 1.FCK, mit dem er 1951 und 1953 den deutschen Meistertitel in die Pfalz holte, war Ottmar Walter noch bis 1959 aktiv. Danach verdiente er sein Geld als Tankstellenbesitzer, später stand er bis 1984 in Diensten der Stadt Kaiserslautern.

Ab Anfang der 70er Jahre zahlte er den Preis für den Raubbau am Körper - die sportlichen Höchstleistungen, die er trotz seiner Kriegsverletzung vollbrachte, erwiesen sich als Pyrrhussieg. Ein Eingriff nach dem anderen folgte: 1970/71 Einsatz einer Hüftgelenkprothese links, Gelenkoperation am rechten Knie und Umstellung des rechten Schienbeins, 1981 Halswirbelverpflanzung, 1984 Einsatz einer Kniegelenksprothese rechts. Ottmar Walter stand diese harte Zeit durch - seine Familie und nicht zuletzt die ewige Liebe zu seinem Verein ("vom 1.FCK und dieser Arena kommt man nicht los") halfen ihm dabei.

Max Morlock

geb. 11. Mai 1925, Nürnberg

Nur drei Weltmeistern von Bern blieb es vergönnt, 1963 beim Start der Fußball-Bundesliga dabei zu sein. Max Morlock war bereits 38 Jahre alt, als er das Abenteuer mit "seinem" Club in Angriff nahm. Ein Jahr später beendete der stets bescheiden gebliebene Halbstürmer seine lange Laufbahn, die er 1937 bei Eintracht Nürnberg begonnen hatte. Dort gab Morlock jedoch nur ein kurzes Gastspiel: Als die Eintracht -Schüler den "großen " Lokalrivalen besiegten, holten ihn die Verantwortlichen des Clubs schnell in ihre Reihen. Mit 16 Jahren (am 30.11.1941) stand der technisch versierte, kopfballstarke und torgefährliche Stürmer bereits in der ersten Mannschaft der Nürnberger, die zu jener Zeit von "Bumbas" Schmidt trainiert wurden. Es folgten erfolgreiche Jahre mit dem Traditionsklub, mit dem Gewinn des deutschen Meistertitels 1948 als vorläufigem Höhepunkt. Obwohl Morlock den "Prototyp für die Schlüsselposition des Verbinders" *(Sport-Kurier)* darstellte, berief ihn Bundestrainer Sepp Herberger zunächst

Der Nürnberger Max Morlock war 1952 erfolgreichster Torschütze in deutschen Landen.

nicht in die Nationalmannschaft. Erst als Fritz Walter beim ersten Nackriegsländerspiel (1950) fehlte, kam der Nürnberger zum Zuge.

Es ist bemerkenswert, daß Max Morlock nicht den Endspielerfolg von Bern als sein faszinierendstes sportliches Erlebnis bezeichnet. Der Schütze des wichtigen 1:2-Anschlußtreffers gegen die Ungarn hob den 3:0-Erfolg über Borussia Dortmund beim Endspiel um die Deutsche Meisterschaft 1961 hervor. Der Grund: Morlock fühlte sich damals mit 36 Jahren als "Vater der Benjamine" und führte in meisterlicher Manier die Regie. "Die Seele des Clubs", wie Morlock oft tituliert wurde, wurde wegen seiner Führungsqualitäten hoch dekoriert: Er trat die Nachfolge von Uwe Seeler als "Fußballer des Jahres" an. Dabei kam Max Morlock sicherlich auch zugute, daß er seinem Verein stets die Treue gehalten hatte. Den "schönen Stunden, die ich mit Kameraden verlebt habe" maß der 26fache Nationalspieler größere Bedeutung zu als den Gagen, mit denen ihn spanische wie italienische Klubs für sich gewinnen wollten.

Von Solidität war auch Morlocks Leben nach Ende seiner Fußballer-Karriere gekennzeichnet, in deren Verlauf er 900mal das Club-Trikot übergestreift hatte. Er blieb in Nürnberg, führte ein bürgerliches Leben und war zuletzt als Lotto-Toto-Bezirksstellenleiter tätig. Tennis wurde seine neue sportliche Leidenschaft, nicht zuletzt dank seiner talentierten Tochter Birgit. Rummel um seine Person hielt Morlock immer von sich fern, das "Wunder von Bern" war für ihn schnell Geschichte. "Wen interessiert das heute noch?" meinte er 1985 anläßlich seines 60. Geburtstags.

Hans Schäfer

geb. 12. Oktober 1927, Köln-Zollstock

"Wenn ich so an die berühmten Linksaußen unserer Nationalelf denke, dann möchte ich sagen, daß keiner von ihnen so zielstrebig war wie Hans Schäfer" - diesen Satz sagte Sepp Herberger in einer der beiden Biographien, die über den Linksaußen der 54er Weltmeisterelf veröffentlicht wurden. Hans Schäfer jagte fast 30 Jahre dem runden Leder hinterher und feierte zum Ausklang seiner Karriere einen Erfolg, in dessen Genuß kein anderer seiner Berner Mitstreiter gelangte: Er stand mit dem 1. FC Köln am Saisonende 1963/1964 ganz oben in der Tabelle der neu gegründeten Bundesliga. Am Millionengeschäft, zu dem sich

Der Kölner Hans Schäfer erlebte noch die Bundesliga-Premiere mit und wurde 1964 mit dem 1. FC Köln Deutscher Meister.

die Liga im Laufe der Jahre entwickelte, konnte er zum eigenen Leidwesen nicht mehr teilhaben und bekannte später einmal: "In der heutigen Zeit hätte ich mit meiner fast 17jährigen Karriere wohl so rund 20 Millionen verdient."

"**D**e Knolle", wie Dickschädel Schäfer in der Kölner Mundart bezeichnet wurde, war schon immer geschäftstüchtig und clever. Nach dem Krieg entzog er sich einer einjährigen Sperre - mit einer solchen wäre ein Vereinswechsel innerhalb der englischen Besatzungszone geahndet worden - und stürmte eine Saison lang für den hessischen Klub VfR Volkmarsen (in der französischen Besatzungszone). 1948 konnte er sich endlich den Geißböcken anschließen und eilte in den folgenden Jahren von Erfolg zu Erfolg: 1949 Aufstieg in die Oberliga West, 1952 Debüt in der Nationalmannschaft, 1954 erstmals Westmeister. Vier Tore steuerte Schäfer zum Triumph in der Schweiz bei, und als einziger des 54er Teams nahm er danach noch an zwei Weltmeisterschaften teil. 1958 in Schweden trug er als Nachfolger von Fritz Walter bereits die Kapitänsbinde, 1962 ließ sich Schäfer von Sepp Herberger - nachdem er bereits 1959 der Nationalelf adé gesagt hatte - zu einem Comeback überreden. "Hätte ich gewußt, daß Herberger vom Defensiv-Fieber befallen wurde, wäre ich lieber in Urlaub gefahren, anstatt im fernen Chile Verteidiger zu spielen", meinte er nach seinem 39. und letzten Länderspiel (bei der 0:1 Viertelfinal-Niederlage gegen Jugoslawien). Die Linksaußenposition hatte er damals bereits gegen einen Platz im Mittelfeld eingetauscht, beim 1. FC Köln, der 1962 durch ein 4:0 über den 1. FC Nürnberg Deutscher Meister wurde, führte er glänzend Regie und entschied die Wahl zum "Fußballer des Jahres" für sich. Drei Jahre später streifte Hans Schäfer zum letzten Male das Trikot der Domstädter über und trat die Rolle des Spielmachers an Wolfgang Overath ab. Dem Verein, für den er in mehr als 700 Spielen 501 Tore geschossen hatte, blieb er als Co-Trainer (1966-69) und danach als Berater erhalten. Auch in beruflicher Hinsicht zahlte sich die Vereinstreue für Schäfer aus: Er arbeitete zunächst als Generalvertreter für die Geschenkartikelfirma des früheren Kölner Präsidenten Franz Kremer und übernahm nach dem Tod des Ehepaares Kremer die Leitung des Betriebes.

Helmut Rahn

geb. 16. August 1929, Essen

Hätte der "Boß" in der heutigen Zeit ein derart entscheidendes Tor wie das zum 3:2 in Bern

Hallo, hier Rahn am Apparat! Der "Boss" wurde im Laufe der Jahre weniger gesprächig, blieb aber stets ein gefragter Mann.

geschossen - er wäre mit Sicherheit zum Superstar einer ganzen Nation aufgestiegen. "Ich befasse mich nicht damit, weil die Zeiten sich geändert haben, und weil ich mit meiner Zeit nicht unzufrieden war" - Helmut Rahn hat mit der Vergangenheit abgeschlossen und will auch jene Fragen ("wie war das damals noch? welcher Fuß war es denn nun?") nicht mehr hören, die ihn noch Jahrzehnte nach dem Triumph gestellt wurden. Rahn war nie ein angepaßter Mensch: In seiner aktiven Zeit galt er als "enfant terrible", als ein Spieler mit übertriebenem Hang zu Alleingängen, privat ist er als unberechenbarer, aber im Grunde gutherziger Mensch bekannt. Und als Lebenskünstler. "Wenn man mich nackt in die Wüste schickt, komme ich mit einem Anzug wieder heraus", sagte das Kohlenpott-Idol einmal.

Mit seiner humorvollen Art war er die Stimmungskanone der deutschen Nationalmannschaft, in der er zwischen 1951 und 1960 vierzig Mal zum Einsatz kam. Fritz Walter charakterisierte ihn als "kraftstrotzenden und selbstbewußten Boß mit unerschöpflichem Vorrat an Blödsinn und Übermut". Im Laufe der Jahre ließ Helmut Rahn von seinem "Hurra-Stil" ab, nicht zuletzt, weil er geschäftlich auch einmal die Schattenseite des Lebens kennenlernte. Der gelernte Mechaniker führt heute zusammen mit seinem Bruder einen Gebrauchtwagenhandel, verbringt seine Freizeit mit Vorliebe auf der Trabrennbahn oder auf einem Campingplatz in Friesland ... und spricht weiterhin dem Gerstensaft zu. Nicht ohne Folgen: Das Gewicht des Bosses überschritt zeitweise die 100-Kilogramm-Grenze, er selbst mußte sich zweimal wegen Trunkenheit am Steuer verantworten.

Begonnen hatte die Fußballer-Karriere von Helmut Rahn bei Altenessen 12, über den SC Oelde und die Sportfreunde Katernberg kam er 1951 zu Rot-Weiß Essen. Größter Erfolg in den acht Jahren an der Hafenstraße war 1955 der Gewinn des deutschen Meistertitels durch ein 4:3 über den 1. FC Kaiserslautern und zwei Jahre zuvor der Triumph im DFB-Pokal (2:1 über Alemannia Aachen). Die weiteren Stationen des bulligen Rechtsaußen: 1. FC Köln (1959-61), Twente Enschede (1961-63) und der MSV Duisburg, für den er bis 1965 noch 19 Bundesligaspiele bestritt. Bei der Weltmeisterschaft 1958 in Schweden war er mit sechs Toren nach dem Franzosen Fontaine und Pele der erfolgreichste Torschütze des Turniers. Damit rechtfertigte er das Vertrauen, das Bundestrainer Herberger stets in ihn gesetzt hatte. Dem "Bundessepp" hatte es der Essener zu verdanken, daß er nach einer Sperre durch den DFB (aus disziplinarischen Gründen) überhaupt noch einmal das Nationaltrikot überstreifen durfte.

Fritz Walter

geb. 31. Oktober 1920, Kaiserslautern

Er war das erste Idol im deutschen Sport nach dem 2. Weltkrieg und er ist bis heute ein Idol geblieben. Von allen Spielern, die in der Schweiz dabei waren, kam Fritz Walter zweifellos am intensivsten in den Genuß der Sonnenseiten des Lebens. Die Werbebranche spannte den genialen Fußballer ebenso für

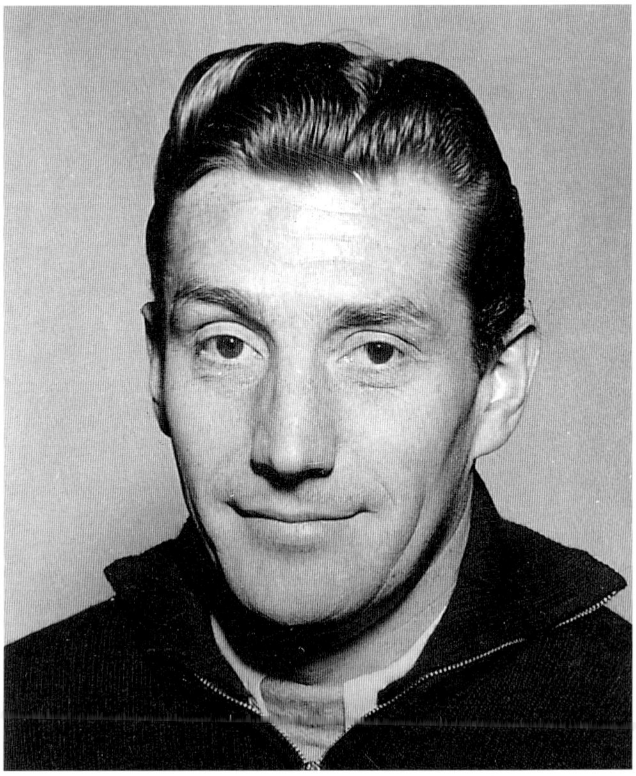

Fritz Walter, heute Ehrenspielführer der deutschen Fußball-Nationalmannschaft.

sich ein wie ein renommierter Sportartikelhersteller. Als Repräsentant der Sepp-Herberger-Stiftung und gern gesehener Gast bei Veranstaltungen jeglicher Art ist der Ehrenspielführer der deutschen Nationalelf immer noch viel unterwegs - sein Alter schützt vor Popularität nicht im geringsten. "Dein Rentner-Dasein halte ich für ein Gerücht", soll seine Frau Italia einmal zu ihm gesagt haben. Was hat aus Fritz Walter - Rudi Michel sagte einst über ihn: "Der Mann schleppt seinen Vornamen mit wie ein Akademiker seinen Doktorgrad" - eine derart herausragende Person der Zeitgeschichte gemacht? Mit Sicherheit nicht allein sein sportliches Können, sondern vielmehr sein Charakter, gekennzeichnet durch Ehrlichkeit und Bescheidenheit.

Als ältester von fünf Söhnen eines Gastwirts begann er nach der Schule eine Banklehre, stand 1937 bereits in der ersten Mannschaft des 1. FC Kaiserslauteren und gab drei Jahre später sein Debüt in der Nationalmannschaft. Es folgten harte Kriegsjahre: 1942 wurde Fritz Walter an die Front beordert, geriet in russische Gefangenschaft und durfte 1945 - aufgrund seiner überragenden fußballerischen Fähigkeiten - vorzeitig in die Heimat zurück. Der Schriftsteller Hans Blickensdörfer nahm diesen Sachverhalt als Basis für seinen Roman "Doppelpaß an der Wolga".

Es zahlte sich in sportlicher Hinsicht aus, daß er 1951 nicht das Traumangebot von Atletico Madrid (250.000 Mark Handgeld für einen Zweijahresvertrag) annahm und stattdessen in der Pfalz blieb. "Daheim ist daheim", begründete der 61fache Nationalspieler seinen Entschluß. Zweimal (1951 und 1953) führte er seine Elf zum deutschen Meistertitel, dreimal (1948, 1954, 1955) stand er im Finale. Den Höhepunkt seiner Laufbahn stellten die 90 Minuten von Bern dar, knapp dahinter das legendäre Halbfinalspiel gegen Österreich (6:1), wo man den vielleicht besten Fritz Walter aller Zeiten erlebte. Mit seiner Genialität als Spielmacher hätte der oft als "Prototyp des modernen Fußballers" bezeichnete Halbstürmer Jahrzehnte später Millionen verdient. Dennoch ist er mit dem, was ihm das Fußball-Leben gebracht hat, zufrieden. "Wir haben die schönere Fußballzeit erlebt, alles war familiärer und kameradschaftlicher" - kein anderer Fußball-Zeitgenosse dürfte ihm da widersprechen.

Den Abschluß seiner 18jährigen internationalen Karriere feierte der Kaiserslauterner bei der Weltmeisterschaft 1958 in Schweden. Noch einmal trug der "alte Fritz" die Kapitänsbinde, führte die Elf von Sepp Herberger unter die letzten Vier und war eine der herausragenden Persönlichkeiten des Turniers. Ein Jahr später verabschiedete er sich auch aus der ersten Mannschaft des 1. FC Kaiserslautern, dem er über die Jahre hinweg eng verbunden blieb. Der Verein und die Stadt setzten ihm 1985 schon zu Lebzeiten ein Denkmal und benannten die Arena auf dem Betzenberg in "Fritz-Walter-Stadion" um.

Richard Herrmann

geb. 28. Januar 1923, Kattowitz - gest. 27. Juli 1962, Frankfurt

Die Weltmeisterschaft 1954 war für den Frankfurter - wie sich erst Jahre später herausstellte - der Anfang vom Ende. Mit 39 Jahren lebte Richard Herrmann bereits nicht mehr, Leberzirrhose lautete die Todesursache. Beim WM-Turnier in der Schweiz war ein Großteil der deutschen Mannschaft an Gelbsucht erkrankt, Herrmann allerdings nicht. Als der DFB-Arzt die Spieler mit einer Aufbauspritze "versorgte", machte er einen folgenschweren Fehler. Die Nadeln waren nicht steril und die Gelbsuchtbakterien wurden Herrmann übertragen. Als asketisch lebendem Menschen, der sich von Nikotin und Alkohol fernhielt, fehlten Herrmann nach offizieller Version die Abwehrkräfte, um gegen die nach innen gehende Krankheit zu bestehen. Der DFB brachte die wahren Gründe seines mysteriösen Todes nicht an die Öffentlichkeit, sprach sein tiefstes Beileid aus und ließ der Witwe einen 3000-Mark-Scheck zukommen. Damit war die Angelegenheit für den Verband vergessen. Nur Sepp Herberger machte da eine Ausnahme: Er schickte Herrmanns Söhnen immer wieder Trainingsanzüge und Fußballschuhe, auch beim Richard-Herrmann-Gedächtnisspiel zum ersten Todestag des FSV-Stürmers war er präsent.

Bereits Ende der 50er Jahre hatte der schnelle Linksaußen , der in Fachkreisen jahrelang als "schnellster Traber mit Ball" im deutschen Fußball galt, seine Karriere wegen einer Knieverletzung beenden müssen. Mit seinem Verein, dem Oberligisten FSV Frankfurt, stand er nie im Rampenlicht. 1947 kam er zum Bornheimer Hang, fünf Jahre später wollte ihn ein Vertreter des AC Turin für 60.000 Mark aus der hessischen Metropole weglocken. Doch der FSV half Richard Herrmann dabei, sich eine Existenz in seiner Frankfurter Wahl-Heimat aufzubauen und vermittelte ihm neue Räumlichkeiten für seinen Zigarrenladen. Auch privat war der "Windhund" an Frankfurt gebunden: Mit seiner Frau Lilo, die ebenfalls zur FSV-Familie gehörte, hatte er seit 1949 einen Sohn.

Sein Nationalmannschaftsdebüt gab Herrmann, der kriegsbedingt seine oberschlesische Heimat verlassen mußte, im November 1950 beim ersten deutschen Nachkriegsländerspiel im Stuttgarter Neckarstadion (1:0 über die Schweiz). Bis 1954 bestritt er acht Länderspiele, das letzte davon bei der 3:8-Niederlage im WM-Spiel gegen die Ungarn. Einen Stammplatz konnte sich der Linksaußen ebenso wie sein Frankfurter Sturmpartner Alfred Pfaff unter Sepp Herberger nicht erkämpfen - Fritz Walter spielte am liebsten zwischen seinem Bruder Ottmar und Hans Schäfer. Neben seiner Schnelligkeit imponierte Herrmann durch seine ausgezeichnete Ballführung und seine Schußkraft. Der FSV Frankfurt ernannte den bescheidenen "Fußballiebling Bornheims" nach dessen Tod zum Ehrenspielführer des Vereins.

Alfred Pfaff

geb. 16.7.1926, Frankfurt

Einen Stammplatz konnte sich Pfaff in der Nationalelf nie sichern - an Fritz Walter gab es kein Vorbeikommen. Das heißt allerdings nicht, daß er seine internationale Karriere nur in schlechter Erinnerung hätte. "Die WM-Teilnahme war sicherlich einer der Höhepunkte meiner Karriere", führte der Hesse an, der 1953 in seinem ersten B-Länderspiel an der Seite von Hans Schäfer (dreifacher Torschütze) gleich zwei Treffer zum 5:2 der Deutschen über Spanien beisteuerte. Der hochbegabte Techniker wurde überwiegend als Linksaußen oder Halblinker eingesetzt und spielte im August 1953 erstmals unter der Regie von Sepp Herberger - es war das erste Qualifikationsspiel zur WM 1954 (1:1 in Norwegen). Pfaffs zweiter Länderspieleinsatz war bereits jenes ominöse 3:8 gegen Ungarn - der "Edelreservist" erzielte dabei ebenso wie sein Frankfurter Leidensgenosse Herrmann einen Treffer. Bis 1956 setzte ihn Herberger noch fünf weitere Male ein, zuletzt am 21. November in seiner Heimatstadt beim 1:3 gegen die Schweiz.

Mit der Frankfurter Eintracht, aus der Alfred Pfaff hervorgegangen und zu der er 1949 für den Rest seiner Karriere zurückgekehrt war, erlebte er Ende der 50er Jahre eine große Zeit. Die Mannschaft wurde 1959 durch ein 5:3 nach Verlängerung über den "Lokalrivalen" Kickers Offenbach in Berlin Deutscher Meister und stand ein Jahr später im Finale des Europapokals der Landesmeister. Gegen Real Madrid (u.a. mit di Stefano, Puskas und Gento) hatte man in Glasgow keine Chance und verlor mit 3:7. 1962 endete die aktive Laufbahn des Strafstoß- und Eckballspezialisten, der auch heute noch das eine oder andere Heimspiel der Eintracht besucht.

Rein fußballerisch hält er große Stücke auf vergangene Zeiten. "Die Spieler konnten sich früher besser entfalten und wurden vom Trainer in kein Schema hineingepreßt. Man hat das Fußballspielen auf der Straße gelernt, das ist bei den Kindern heute kaum noch zu sehen", vermißt Pfaff in der heutigen Zeit die Kreativität beim Spiel und die technisch versierten Fußballer.

Es ist nicht sein einziger Kritikpunkt am Ist-Zustand des Fußballs. "Wir konnten uns noch über Kleinigkeiten freuen. Das ist jetzt bei den Profis nicht mehr der Fall, das viele Geld macht sie für solche Dinge nicht mehr empfänglich" - darin wird sich Pfaff mit den meisten seiner Fußball-Zeitgenossen einig sein.

In beruflicher Hinsicht hatte er ebenso wie viele seiner Vereinskameraden keine Schwierigkeiten, Fuß zu fassen: Jahrelang betrieb er nahe der Frankfurter Hauptwache eine Gaststätte, heute ist er Inhaber eines Hotels an seinem Wohnort Amorbach im Odenwald. Seine Tochter setzte die Gastwirt-Tradition in der Familie fort und führt die Eintracht-Gaststätte direkt am Waldstadion.

Ulrich Biesinger

geb. 6. August 1933, Augsburg

Nur drei Spieler aus dem DFB-Kader kamen in der Schweiz nicht zum Einsatz, einer von ihnen war der Augsburger Ulrich Biesinger. Der Stürmer, mit 20 Jahren jüngstes Mitglied der deutschen WM-Expedition, bestritt zwischen 1954 und 1958 insgesamt sieben A-Länderspiele und brachte es auch auf die gleiche Anzahl von B-Länderspielen (1953-58). Sein Debüt im Nationaltrikot gab er im ersten Spiel nach der Weltmeisterschaft, beim 0:2 gegen Belgien in Brüssel. Mehr Grund zur Freude hatte der Mittel- und Halbstürmer zwei Jahre später, als er zum deutschen 3:1-Sieg in Norwegen und zum 2:2-Unentschieden in Schweden jeweils einen Treffer beisteuerte. Einen Stammplatz brachten ihm diese Treffer jedoch nicht, und Sepp Herberger ließ Biesinger 1958 bei der Zusammenstellung des 18 Spieler umfassenden WM-Kaders unberücksichtigt.

Seiner Rolle als Augsburger Sportidol tat diese Nichtnominierung jedoch keinen Abbruch. Von 1951 an trug der schußkräftige Stürmer mit der exzellenten Ballbehandlung 452mal das Trikot des BC Augsburg und führt mit 197 Toren auch heute noch die ewige Torschützenliste des Vereins (heutiger Name: FC Augsburg) an. Nur einmal verließ er seine Heimat und ging für den SSV Reutlingen auf Torejagd (1960-63), dann kehrte er zum BCA zurück. Seine letzte Station als Aktiver war Lokalrivale Schwaben Augsburg, wo Biesinger schließlich wegen einer Meniskusverletzung seine Karriere beenden mußte.

Dem Fußball blieb der passionierte Angler dennoch erhalten. Als Trainer hatte er in den 70er Jahren Erfolge in unteren Spielklassen zu verzeichnen, als Zaungast hält er auch heute noch den Kontakt zum Geschehen auf dem grünen Rasen. "Ich suche mir für jedes Wochenende eine Begegnung eines meiner früheren Vereine aus und schaue dann zu", bekannte der frühere Kaufmann. Beim Blick auf die Entwicklung des Fußballgeschäfts kommen ihm zwiespältige Gefühle. "Vielleicht bin ich zur falschen Zeit auf die Welt gekommen, sonst hätte ich auch das große Geld verdient", bekannte er anläßlich seines 60. Geburtstages.

Bernhard Klodt

geb. 26. Oktober 1926, Gelsenkirchen

Der Name "Klodt" besitzt im deutschen Fußball, besonders natürlich "auf" Schalke, einen guten Klang. "Bernis" älterer Bruder Hans hatte zwischen 1938 und 1941 in 17 Spielen das Tor der deutschen Nationalmannschaft gehütet und holte mit den "Knappen" sechs Meistertitel. 1942 stand Berni erstmals in der ersten Mannschaft des FC Schalke 04, die wenige Monate zuvor durch ein 2:0 über Vienna Wien zum vorläufig letzten Mal Deutscher Meister geworden war. Das erste Länderspiel nach dem 2. Weltkrieg, das 1:0 über die Schweiz in Stuttgart, war gleichzeitig das Debüt des Schalker Außenstürmers im Nationaltrikot und der Beginn einer fruchtbaren Zusammenarbeit mit Sepp Herberger. "Was den Berni auszeichnete und ihn überall so beliebt machte, waren Bescheidenheit und absolute Fairness", sagte der "Chef" einmal über einen seiner Lieblingsschüler. Zu den menschlichen Qualitäten gesellte sich bei Berni Klodt auch fußballerisches Können. Technisch perfekt, ballgewandt, glänzende Ballführung in vollem Lauf - diese Eigenschaften trugen dazu bei, daß er die große Schalker Fußballtradition fortsetzte. Er war aber vor allem ein typischer Mannschaftsspieler und konnte sich problemlos unterordnen. Bei der WM in der Schweiz brachte ihn seine Selbstlosigkeit vermutlich um die Endspielteilnahme, denn Sepp Herberger brauchte für das entscheidende Ungarn-Spiel einen "Reißer", der auch schon einmal auf eigene Faust etwas riskierte. "Individualist" Helmut Rahn erhielt den Vorzug - die Folgen sind allseits bekannt.

"Bei der Weltmeisterschaft 1954 war er mein wertvollster Ersatzmann. Obwohl er nicht in der Weltmeisterelf stand, trug er viel zum Titelgewinn bei", lobte der Bundestrainer den Kameraden "par excellence". Vier Jahre später war Berni Klodt erneut im WM-Kader, wiederum mußte er in den entscheidenden Spielen die Bank drücken. Das letzte seiner 19 Länderspiele absolvierte er am 20. Mai 1959 beim 1:1 gegen Polen in Hamburg. Doch das Jahr 1958 hatte für den Schalker Mannschaftskapitän noch eine erfreuliche Seite: Mit seinen beiden Toren hatte Klodt großen Anteil daran, daß die "Königsblauen" durch ein 3:0 über den HSV ihre siebte und bis heute letzte Deutsche Meisterschaft gewannen. Bis zur Einführung der Bundesliga war das Schalker Original noch im Profi-Fußball aktiv, danach hielt er sich jahrelang als Mitglied der WDR-Prominentenelf fit.

Auch beruflich ging der beliebte Industriekaufmann seinen Weg: Noch in seiner aktiven Zeit war er Inhaber der Gaststätte "Glückauf-Bräu" am Schalker Markt, später arbeitete er jahrelang als Prokurist in einer ortsansässigen Brauerei. Als Klodt einmal zum Vereinspräsidenten gewählt werden sollte, lehnte er dies ab. Die Bindung zum FC Schalke 04 hat er jedoch nie verloren - auch als er 1990 nach einem Schlaganfall an den Rollstuhl gefesselt wurde.

"Gala" Karl-Heinz Metzner

Die Ungarn

Im Sport eines kleinen Landes, wie Ungarn es ist, stellt das Erreichen eines WM-Endspiels nicht nur einen Riesenerfolg dar, sondern es bleibt für immer in der Erinnerung der Fußballfans haften. So war es denn auch 1938, als die Ungarn, angeführt von herausragenden Spielern jener Zeit wie Gyula Lazar, György Sarosi, Gyula Zsengeller, im WM-Finale in Paris um die Goldmedaille gegen Italien auflaufen konnten. Ein Sieg war ihnen allerdings nicht vergönnt, die "Azzurri" behielten mit 4:2 die Oberhand, die Ungarn mußten mit der Silbermedaille vorliebnehmen. Ähnlich war der Ausgang 1954, doch die Vorgeschichte dieses WM-Endspiels war ganz anders ...

Die ungarischen Ballkünstler waren als haushohe Favoriten zur WM-Endrunde in der Schweiz eingetroffen, konnten sie doch auf vier Jahre ohne Niederlage verweisen. Seit dem 14. Mai 1950 konnte kein einziger Gegner die Magyaren bezwingen - diese Serie währte bis zum 7. Juli 1954. Die Bilanz von Puskas und Co. lautete: in 32 Spielen 28 Siege und 4 Unentschieden, Torverhältnis 144:33(!).

Dem damaligen Verbandskapitän (Nationaltrainer) Gusztav Sebes standen Weltklassespieler in Hülle und Fülle zur Verfügung. Oft hatte er nur eine Sorge-Wen soll er bloß auf die Reservebank setzen? Sebes war ein hervorragender Fußballexperte mit Fingerspitzengefühl. Zur "Halbzeit" der ungeschlagenen Serie, im Sommer 1952, gewann die "Wunderelf" das olympische Fußballturnier in Helsinki. "Für uns ist jetzt nur noch ein Sieg im WM-Finale akzeptabel" - schrieb wenige Tage vor der Schweizer Endrunde die Budapester Tageszeitung Népsport. Und als die Ungarn im zweiten Gruppenspiel am 20. Juni in Basel Deutschland 8:3 schlugen, dachte niemand daran, was später geschehen sollte ...

Im Viertelfinale servierten die Ungarn Brasilien, und im Halbfinale (ohne den verletzten Puskas) Uruguay mit jeweils 4:2 ab. Im Endspiel gegen Deutschland war dann der linke Verbinder wieder mit von der Partie - doch während dieser 90 Minuten war auch sein Können zu wenig ... Immerhin lagen die Ungarn nach acht Minuten bereits mit 2:0 in Führung. Doch was darauf folgte, mutet heute noch wie ein Alptraum an...

Ungarn wurde von einer "Fußballtrauer" überschattet. In den Stunden nach dem WM-Endspiel im Berner Wankdorfstadion zogen in Budapest Tausende auf die Straßen und ließen bei Demonstrationen ihrem Frust über die Niederlage freien Lauf. Verärgerte Fans forderten den Kopf von Verbandskapitän Sebes mit der Begründung, er hätte sich für ein falsches Aufgebot im Finale entschieden. "Warum mußte Linksaußen Czibor diesmal auf dem rechten Flügel spielen, und warum wurde der als schwächer eingestufte Tóth gegen die Deutschen berücksichtigt?", fragten viele in der Menge. Dramatisch wie die Lage war auch die Heimkehr der Nationalelf. Der Zug mit der "goldenen Mannschaft" hielt klammheimlich 60 km von Budapest in Tata und die Fußballer erreichten mit Autos in allergrößter Stille die Hauptstadt. Aus dem erwarteten Triumphzug wäre beinahe ein Spießrutenlauf geworden ...

Der Geist von Bern geht 40 Jahre danach erneut um im ungarischen Fußball! Zwar konnten die Ungarn es eine Zeitlang noch mit anderen Nationen auf dem Spielfeld aufnehmen, doch erfolgte in den achtziger Jahren ein Sturzflug ohnegleichen. In der Tat war der Fußball in diesem Land durch den Aderlaß während des Aufstands von 1956, als Tausende von begabten Spielern - darunter Ferenc Puskas, Sandor Kocsis, Zoltan Czibor - das Land verließen, erheblich geschwächt worden. Gusztav Sebes wurde später abgesetzt, und danach gaben sich die Verbandskapitäne die Klinke in die Hand. Der schwerste Fehler war jedoch, daß die Trainer es nicht begriffen: Von alten Lorbeeren kann man nicht länger profitieren, allenfalls Teilerfolge verbuchen. Mit der Zeit hat sich auch das Fußballspiel verändert; die größte Tugend der Ungarn, die Technik allein, genügte nicht mehr. Dabei legten die Anhänger die Latte hoch, nämlich aufs Niveau der "goldenen Mannschaft"; sie hofften auf eine Fortsetzung der großen Serie.

Talente gab es auch im ungarischen Fußball immer wieder. Dafür spricht, daß dieses Land 1964 und 1968 das olympische Fußballturnier gewann, und 1972 bei der Olympiade in München Silber errang. 1964 holte die Nationalelf im Europapokal der Nationen die Bronzemedaille,und bei den Europameisterschaften 1972 wurde sie Vierte. (Es war das letzte erwähnenswerte Ergebnis des ungarischen Fußballs!) Von den späten Nachfolgern der "goldenen Elf" muß man Flórián Albert hervorheben, dem 1967 der Goldene Ball im europäischen Fußball verliehen wurde. Weitere Spieler von Klasse waren Laszló Fazekas, Janos Göröcs, Tibor Nyilasi, sowie aus der jüngsten Zeit Lajos Detari, der Ende der 80er Jahre bei Eintracht Frankfurt spielte. Trotzdem ist die Feststellung nicht übertrieben: Der ungarische Fußball hat vorerst nur eine Vergangenheit, keine Gegenwart - und die Zukunft? 1993 bestritt die Nationalmannschaft neun Länderspiele und konnte davon lediglich drei gewinnen (sie mußte sich sogar Island geschlagen geben!). Wie für die WM in Italien, vermochte sie sich auch für die Endrunde 1994 in den Vereinigten Staaten nicht zu qualifizieren. Die Zahl der registrierten Spieler ist rückläufig (sie beträgt derzeit 112.000). Wohl deshalb auch werden die "Besten" von den Klubs verwöhnt, die nostalgisch von der Vergangenheit sprechen, doch kaum etwas dafür unternehmen, daß der Glanz alter Zeiten wieder zurückkehrt... Es spricht für das hektische Vorgehen beim Verband, daß Jozsef Verebes nunmehr der zwölfte Verbandskapitän innerhalb zehn Jahren ist. 1993 bekleidete Puskas für vier Länderspiele ebenfalls diesen Posten - ohne Erfolg.

In dieser Situation ist es vielleicht verständlich, wenn einem im Ungarland jeder Anlaß willkommen ist, um alte Triumphe heraufzubeschwören und Jubiläen zu begehen. So war es denn auch im November 1993 beim vierzigsten Jahrestag des "Fußballspiels des Jahrhunderts". Damals hatte Ungarns Auswahl im Londoner Wembley Stadion England, das zu Hause seit 90 Jahren ungeschlagen war, mit 6:3 das Nachsehen gegeben. Die Feiern in Budapest dauerten mehrere Tage. Eingeladen waren unter anderem die englischen Gegner von einst: Sir Stanley Matthews, Jackie Sewell und George Robb, sowie - als Ehrengast der niederländische Schiedsrichter des Treffens im November 1953, Leo Dorn. Beim festlichen Empfang im Parlamentsgebäude überreichte Ungarns Staatspräsident Arpäd Göncz den noch lebenden Spielern der ehemaligen "goldenen Mannschaft", Jenö Buzanszky, Zoltan Czibor, Gyula Grosics, Nandor Hidegkuti und Ferenc Puskas, das mittelgroße Verdienstkreuz der Republik Ungarn.

Vom 2:3 im Berner Wankdorfstadion fiel natürlich kein Wort. Dabei kann doch auch eine Silbermedaille so schön glänzen!

Die ungarische "Wunderelf". Oben (v. l.): Buzanszky, Grosics und Lantos; Mitte (v. l.): Lorant, Bozsik und Toth; unten (v. l.): Lantos, Kocsis, Hidegkuti, Puskas und Czibor.

Die WM - Stars der Ungarn

József Bozsik

geb. am 28. November 1925 in Budapest, gestorben am 31. Mai 1978 in Budapest

Bisher spielten etwa 800 Fußballer in der ungarischen Nationalelf, doch zu hundert Einsätzen im kirschroten Trikot hat es lediglich Bozsik gebracht. Ohne den Rechtsläufer der berühmten Mannschaft der 50er Jahre und Olympiasieger 1952 war ein Auflaufen der ungarischen Auswahl zwischen 1947 und 1962 unvorstellbar. Bozsiks Spiel auf dem Posten des sogenannten angreifenden Läufers wurde durch Ideenvielfalt, taktische Reife und hervorragenden Überblick gekennzeichnet. In seiner einzigen Klubmannschaft Honvéd, bestritt er 447 Ligaspiele und brachte es zusammen mit seinem besten Freund Ferenc Puskás - zu vier Meistertiteln. Während der Revolution 1956 kehrten mehrere Hónved-Fußballer aus dem Ausland nicht mehr zurück, Bozsik wählte jedoch die Heimkehr nach Budapest. Durch den Aderlaß wurde allerdings der ungarische Fußball deutlich schwächer, und in diesem Umfeld kam auch Bozsiks Können nicht wie früher zum Glänzen. Seine Zukunft und die Familie vor den Augen habend, eröffnete er in der Budapester Innenstadt ein kleines Kleidergeschäft. Nachdem er mit 37 Jahren seine aktive Laufbahn beendet hatte, versuchte sich Bozsik als Trainer bei Honvéd. So mancher begabter Jungspieler wählte damals den Klub Honvéd nur seinetwegen - der Name Bozsik übte Faszination aus. Obwohl er ein durchtrainierter Sportler war, hatte er des öfteren mit Krankheiten zu kämpfen, was ihn sehr bedrückte. Trotzdem konnte der ungarische Fußball stets auf ihn zählen: 1974 bat man ihn, den Posten des Verbandskapitäns (Nationaltrainers) zu übernehmen. Bozsik wußte, das dies für ihn eine weitere schwere Belastung sein könnte, also übernahm er die Aufgabe nur für ein einziges Spiel (Österreich-Ungarn 1:0 in Wien). "Mitspielen war leichter als auf der Trainerbank sitzen" - schrieb er in seinen Erinnerungen. Bozsik hatte maßgeblich Anteil an einem der größten Triumphe des ungarischen Fußballs - den 6:3 Sieg über England 1953 in London. Mit der Zeit wurde er immer krankheitsanfälliger und starb am letzten Maitag 1978, mit nur 53 Jahren, an Herzversagen.

Gyula Grosics

geb. am 4. Februar 1926 in Tatabánya

Er ist der einzige ungarische Torwart, der bei drei WM-Endrunden (1954, 1958, 1962) dabei war. Der "Schwarze Panther" Grosics war aus der ungarischen "goldenen Mannschaft" der 50er Jahre nicht wegzudenken. 1947 bis 1962 lief er 86 Mal mit der Nationalelf - auf mehr Einsätze konnte lediglich Bozsik pochen - und gewann 1952 olympisches Gold in Helsinki. Grosics hatte Weltklassefähigkeiten, außerdem betrachtete er die eigene Spielhälfte als seinen Wirkungsbereich. Er spielte sozusagen einen vierten Verteidiger und war Ausgangspunkt von etlichen Konterangriffen. Seinen WM-Teilnahmen war allerdings kein besonderes Glück beschieden. Die Nationalelf scheiterte 1954 (2:3 im Endspiel gegen Deutschland), 1958 (1:2 im wiederholten Gruppenspiel gegen Wales) und 1962 (0:1 im Viertelfinale gegen die Tschechoslowakei) jeweils durch Tore, die er verschuldet hatte. In der Klubmannschaft Honvéd spielte Grosics auch zusammen mit Ferenc Puskás und beendete dann seine aktive Laufbahn nach insgesamt 390 Erstligaeinsätzen, in Tatabánya. Kurz darauf unterschrieb er dort einen Trainervertrag, wenig später übernahm er einen Trainerposten in Kuweit. Bemerkenswerte Ergebnisse konnte er jedoch nicht aufweisen - die Ungarn sagen dazu: Aus einem Torhüter wird nie ein guter Trainer! Also eröffnete Grosics ein Modegeschäft in Budapest und wurde 1979 zum Klubvorsitzenden des SC Volán gewählt. Diese Mannschaft kämpfte sich unter seiner Leitung in die erste Liga, doch Fuß fassen konnte sie dort nicht. Grosics nahm später seinen Hut und wandte sich während des Umbruchs 1989-90 der Politik zu. Er wurde zum Aktivisten des Ungarischen Demokratischen Forums, kandidierte bei einer Nachwahl für diese Partei und engagierte sich bei vielen Kundgebungen. Diese Aktivität bildet nach wie vor einen bedeutenden Teil seines Lebens.

Nándor Hidegkuti

geb. in Budapest am 3.März 1922

Er war der Älteste in der "goldenen Elf" der 50er Jahre. Der Mittelstürmer der Klubmannschaft MTK Budapest erzielte bei 68 internationalen Einsätzen zwischen 1945 und 1958 insgesamt 39 Tore - darunter ein Hattrick im Länderspiel England-Ungarn (3:6) im November 1953 im Londoner Wembley-Stadion. Der technisch äußerst versierte und taktisch reife Spieler hatte in der Nationalelf eine besondere Aufgabe zugeteilt bekommen: Er war der Spielmacher in der zweiten Linie, der sich den Angriffen selbst anschloß. Im Unter-

Gyula Grosics (l.) und Sandor Kocsis (r.) entspannen sich beim Schachspiel.

schied zu den meisten Spielern erreichte Hidegkuti nicht in seinen zwanziger, sondern in den dreißiger Jahren die Bestform seiner Laufbahn. Wohl deshalb erhielt er von den Mitspielern den Spitznamen "der Alte". Nach Beendigung seiner Karriere betätigte er sich als Fußballtrainer - und wiederum mit Erfolg. Die Mannschaft Raba ETO aus Györ wurde 1963 unter seiner Leitung ungarischer Meister; anschließend betreute er mehrere Jahre den Verein MTK Budapest. Dann folgten ausländische Stationen seiner Trainerlaufbahn: Italien (Florenz und Mantua), Kairo, Dubai. Die Ägypter hatten Hidegkuti in guter Erinnerung - unlängst wollte man ihn am Nil wieder unter Vertrag nehmen, doch er schlug das Angebot aus. "Ich denke, jetzt muß ich dem ungarischen Fußball helfen, da das Leistungsniveau von heute dem von vor -zig Jahren deutlich hinterherhinkt"; schrieb er in der Antwort nach Ägypten. Der pensionierte Trainer ist so gut wie täglich im Haus des Ungarischen Fußballverbandes zu sehen, in dessen Kontrollkommission er eines der aktivsten Mitglieder ist.

Auch war es "der Alte", der im November 1993 - anläßlich des 40. Jahrestages des Länderspiels England-Ungarn im Wembley - ein Treffen organisierte, zu dem auch die ehemaligen Kontrahenten, unter ihnen der legendäre Sir Stanley Matthews, nach Budapest reisten. Die "ewig jungen" Spieler von damals verabschiedeten sich voneinander mit dem Wunsch, sie möchten auch noch das 50. Jubiläum der großen Fußballschlacht begehen können.

Sándor Kocsis

geb. am 21. September 1929 in Budapest, gestorben am 22. Juli 1979 in Barcelona.

Mit kaum 17 Jahren war er ein Senkrechtstarter in der beliebtesten ungarischen Klubmannschaft, Ferencvaros Budapest. Bald wurde er vom Rivalen Honvéd Budapest unter Vertrag genommen und ab 1948 war "Kocka" (zu deutsch Würfel) als rechter Verbinder schon Stammspieler in der Nationalelf. Dank seiner perfekten Technik, hohen spielerischen Intelligenz und seinem einmaligen Kopfspiel wurde er in kürzester Zeit eine bekannte Gestalt der ganzen Fußballwelt. Mit seinen Pässen geometrischer Genauigkeit suchte er meist seinen engsten Mitspieler, Rechtsaußen Laszló Budai, der sich dafür mit ebenfalls genau plazierten Flanken bedankte. Und eben diese Flanken wurden dann von Kocsis meist mit dem Kopf verwandelt. 1952 gewann er olympisches Gold in Helsinki, und zwei Jahre später war er ein richtiger Star der WM-Endrunde in der Schweiz. Im Gruppenspiel gegen Deutschland (8:3) steuerte er vier Tore bei, und wurde schließlich mit 11 Treffern Torschützenkönig der Weltmeisterschaft. Seine weitere Laufbahn verlief merkwürdig. 1956 kehrte er von einer Auslandstournee nicht nach Ungarn zurück und versuchte sein Glück im Ausland. 1957 spielte er für Young Fellows in der Schweiz. 1958 ging er nach Barcelona, wo sich die Barca-Anhänger über sein Spiel bis 1966 ergötzen konnten. Trotzdem konnte der 68malige Nationalspieler, der für die ngarische Elf 75 Tore schoß, in Ungarn dreifacher Torschützenkönig und sechsfacher Meister geworden war, in Barcelona kein richtiges Zuhause finden. Sein Sohn lernte in der katalanischen Hauptstadt Fußball spielen, doch an das Können des Vaters kam er nie heran. Kocsis versuchte sein Glück im Geschäftsleben, der große Erfolg blieb ihm jedoch auch hier versagt. Sobald es die politische Lage in Ungarn ermöglichte, besuchte er des öfteren das Heimatland und suchte Kontakte zu den ehemaligen Mitspielern. Ende der siebziger Jahre verschlechterte sich sein Gesundheitszustand dramatisch: Es entwickelte sich eine Gefäßverengung im Bein, so daß ein Fuß teilweise amputiert werden mußte. Die schwere Krankheit machte ihm immer mehr zu schaffen, und am 22. Juli 1979 nahm er sich in einem Krankenhaus von Barcelona selbst das Leben.

Gyula Lóránt

geb. am 6. Februar 1923 in Budapest, gestorben am 31. Mai 1981 in Saloniki.

Der rauhbeinige Abwehrspieler von Vasas Budapest und später Honvéd Budapest mußte einen langen Weg zurücklegen, bis er einer der besten Mittelverteidiger der Welt wurde. Seine Laufbahn begann er als Stürmer, später wurde er als Läufer und Außenverteidiger eingesetzt, um schließlich das Trikot mit der Nummer "3" zu erhalten. Dank seiner fabelhaften körperlichen Konstitution, ständig guter Verfassung und pausenlosem Einsatz "mit Herz und Seele" wurde er eine herausragende Figur auf dem Spielfeld. Für seine Mannschaft tat er alles, kämpfte hart - mitunter sogar zu hart-, wobei er auch sich selbst nicht schonte. Zwischen 1948 und 1955 spielte er 37mal in der Nationalelf - und mußte nur dreimal als Verlierer den Rasen verlassen. Wenige Jahre nach der ungarischen Revolution 1956 verließ er Ungarn, um sein Glück im Ausland zu versuchen. Seine Wahlheimat wurde Deutschland, wo er sich als Fußballtrainer betätigte. Obwohl er es zu verbergen versuchte, konnte Lóránt nie seine Ruhe finden; ein Grund dafür war der Umstand, daß er die Heimat ohne Familie verlassen hatte - Frau und Tochter waren in Budapest geblieben. Als Spieler stellte Lóránt hohe Ansprüche an sich selbst, und als Trainer forderte er stets maximalen Einsatz und hohe Leistung von allen Spielern. Unter seiner Regie erzielten mehrere deutsche Klubmannschaften schöne Erfolge. In Köln, München und Gelsenkirchen erinnern sich noch viele an den "freimütigen Ungarn", der nie ein Hehl aus seiner Meinung machte. Wohl deshalb hatte er auch Konflikte mit etlichen Klubmanagern. Seine Trainerqualitäten konnte man trotzdem nicht leugnen. Fußball war sein Leben - und auch sein Tod. Aus Deutschland ging er nach Griechenland und wurde Trainer von PAOK Saloniki. Als seine Mannschaft am 31. Mai 1981 im Derby gegen Olympiakos den Siegestreffer erzielte, konnte Lóránt die ausufernde Freude nicht mehr verkraften. Er starb durch Herzversagen auf der Trainerbank. Gyula Lóránt liegt in Deutschland begraben.

Ferenc Puskás

geb. am 2. April 1927 in Budapest

Nach der Meinung von vielen war er der größte ungarische Fußballspieler aller Zeiten. Bereits mit 16 spielte der kleinwüchsige Junge in der ersten Mannschaft des Vereins Kispest (später Honvéd) Budapest auf dem Posten des linken Verbinders. Der schnelle, technisch versierte "Öcsi" (etwa: Kleiner) entzauberte den Gegner mit verblüffenden Zügen und brachte seine Mitspieler immer wieder mit haargenauen Pässen aus 30-40 Meter Entfernung ins Spiel. Puskás hatte maßgeblichen Anteil an den Erfolgen der Nationalelf - nur der WM-Titel blieb ihm versagt. Trotzdem kann sich seine Trophäensammlung sehen lassen. Der Stürmer der Extraklasse scheffelte Titel und Medaillen zunächst in ungarischen Mannschaften, später in spanischen Gefilden (1956 verließ Puskas - wie viele andere Fußballer - Ungarn). In der ungarischen Nationalelf wurde er 84mal aufgeboten, dabei schoß er 83 Tore. Mit seinem Mutterverein Honvéd gewann er vier Meistertitel, erzielte insgesamt 358 Tore und wurde viermal Torschützenkönig der ersten Liga. Mit der Nationalmannschaft Spaniens lief er viermal auf und erzielte zwei Tore. Im Trikot von Real Madrid gewann er fünfmal den Meistertitel, traf insgesamt 324mal ins gegnerische Tor und wurde viermal Torschützenkönig der höchsten spanischen Liga. Als Stürmer der "königlichen" Madrilenen erzielte Puskás 1960 vier Tore im Finale des Europapokals gegen Eintracht Frankfurt (7:3). Der ehemalige "rasende Major" (Puskás war Offizier der Ungarischen Volksarmee) beendete 1965 seine aktive Laufbahn. Fortan betätigte er sich als Trainer und Geschäftsmann. Unter anderem betreute er Fußballmannschaften in Ägypten, Kanada, Griechenland, Saudi Arabien, Spanien, Chile und Australien. Seinen größten Erfolg als Trainer erlebte er 1971 mit Panathinaikos Athen, als seine Schützlinge das Endspiel des Europapokals erreichten, dort aber gegen Ajax Amsterdam 0:2 unterlagen. Nach fünfundzwanzigjähriger Abwesenheit kam Puskás als Besucher 1981 zum ersten Mal wieder nach Ungarn, um sich nach dem Sturz des kommunistischen Regimes 1990 samt Ehefrau endgültig in der Heimat niederzulassen.

Er hat es sich immer schmecken lassen: Ferenc Puskas ragt mittlerweile durch seine Körperfülle heraus.

Nach kurzer Zeit nahm er Kontakt zum Fußballverband auf und wurde zum stellvertretenden Vorsitzenden der Nachwuchskommission berufen. 1993 bat man Puskas, die Nationalmannschaft als Verbandskapitän bei vier Länderspielen zu betreuen - und er nahm den Auftrag an. Ein Wunder vermochte allerdings selbst ein Puskás nicht zu bewirken: Seine Bilanz war ein Sieg und drei Niederlagen, darunter ein 0:2 gegen die Elf von Island, die zu Puskás' Zeiten allenfalls als Sparringpartner gegen die "goldene Mannschaft" Ungarns hätte antreten können ...

Die Spiele im Überblick

VORRUNDE

Gruppe 1:

Mexiko	-	Brasilien	0:5 (0:4)
Frankreich	-	Jugoslawien	0:1 (0:1)
Brasilien	-	Jugoslaw.	1:1 (0:0, 1:1) n.V.
Frankreich	-	Mexiko	3:2 (1:0)

Im Viertelfinale: Brasilien und Jugoslawien

Gruppe 2:

Ungarn	-	Südkorea	9:0 (4:0)
Türkei	-	Deutschland	1:4 (1:1)
Ungarn	-	Deutschland	8:3 (3:1)
Türkei	-	Südkorea	7:0 (4:0)

Entscheidungsspiel:
Deutschland - Türkei 4:1 (1:0)

Im Viertelfinale: Ungarn und Deutschland

Gruppe 3:

Österreich	-	Schottland	1:0 (1:0)
Uruguay	-	Tschechoslowakei	2:0 (0:0)
Österreich	-	Tschechoslowakei	5:0 (4:0)
Uruguay	-	Schottland	7:0 (2:0)

Im Viertelfinale: Uruguay und Österreich

Gruppe 4:

England	-	Belgien	4:4 (2:1, 3:3) n.V.
Italien	-	Schweiz	1:2 (1:1)
England	-	Schweiz	2:0 (1:0)
Italien	-	Belgien	4:1 (1:0)

Entscheidungsspiel:
Schweiz - Italien 4:1 (1:0)

Im Viertelfinale: England und Schweiz

VIERTELFINALE

Jugoslawien	-	Deutschland	0:2 (0:1)
Ungarn	-	Brasilien	4:2 (2:1)
Österreich	-	Schweiz	7:5 (5:4)
England	-	Uruguay	2:4 (1:2)

HALBFINALE

Österreich	-	Deutschland	1:6 (0:1)
Uruguay	-	Ungarn	2:4 (0:1, 2:2) n.V.

SPIEL UM PLATZ DREI

Österreich	-	Uruguay	3:1 (1:1)

ENDSPIEL

Deutschland	-	Ungarn	3:2 (2:2)

Die Torschützenliste der Weltmeisterschaft:

11Tore :	Sandor Kocsis (Ungarn)
6 Tore:	Max Morlock (Deutschland), Josef Hügi (Schweiz)
5 Tore:	Erwin Probst (Österreich)
4 Tore:	Helmut Rahn, Hans Schäfer, Fritz Walter (alle Deutschland), Ferenc Puskas, Nandor Hidegkuti (beide Ungarn), Robert Ballaman (Schweiz), Carlos Borges (Uruguay),
3 Tore:	Ernst Stojaspal, Theodor Wagner (beide Österreich), Joan Eduardo Hohberg, Oscar Miguez (beide Uruguay), Ottmar Walter (Deutschland), Nat Lofthouse (England), L. Anoul (Belgien), Suat Mamat, Burhan (Türkei), Zoltan Czibor (Ungarn)

Die Mannschaften mit den besten Trefferquoten:

Ungarn	5,4 Tore pro Spiel (5)
Deutschland	4,1 Tore pro Spiel (6)
Österreich	3,4 Tore pro Spiel (5)
Türkei	3,3 Tore pro Spiel (3)
Uruguay	3,2 Tore pro Spiel (5)
Schweiz	2,8 Tore pro Spiel (4)
England	2,7 Tore pro Spiel (3)
Brasilien	2,7 Tore pro Spiel (3)

Die Torhüter mit den besten Gegentrefferquotienten:

Beara (Jugoslaw.)	1,0 Gegentreffer/Einsatz	(3)
Turek (Deutschl.)	1,2 Gegentreffer/Einsatz	(5)
Schmied (Österr.)	1,5 Gegentreffer/Einsatz	(4)
Ghezzi (Italien)	1,5 Gegentreffer/Einsatz	(2)
Remetter (Frankr.)	1,5 Gegentreffer/Einsatz	(2)
Castilho (Brasilien)	1,7 Gegentreffer/Einsatz	(3)
Maspoli (Uruguay)	1,8 Gegentreffer/Einsatz	(4)
Grosics (Ungarn)	2,0 Gegentreffer/Einsatz	(5)
Turgay (Türkei)	2,0 Gegentreffer/Einsatz	(2)

Die Torhüter mit den schlechtesten Gegentrefferquotienten:

Hong (Südkorea)	8,0 Gegentreffer/Einsatz	(2)
Martin (Schottl.)	4,0 Gegentreffer/Einsatz	(2)
Gernaey (Belgien)	4,0 Gegentreffer/Einsatz	(2)
Parlier (Schweiz)	2,8 Gegentreffer/Einsatz	(4)
Merrick (England)	2,7 Gegentreffer/Einsatz	(3)

Es wurden nur Torhüter gewertet, die mindestens zweimal zum Einsatz kamen

Robert Ballaman macht seinem Namen alle Ehre. Er schoß für die Schweiz vier WM-Tore.

Die Zuschauerstatistik (im Durchschnitt):

Vorrunden-Gruppe 1:	29.250 Zuschauer
Vorrunden-Gruppe 2:	25.000 Zuschauer
Vorrunden-Gruppe 3:	30.500 Zuschauer
Vorrunden-Gruppe 4:	36.700 Zuschauer
Viertelfinalspiele:	33.000 Zuschauer
Halbfinal-/Finalspiele:	50.000 Zuschauer

Insgesamt besuchten **881.500** Zuschauer die 26 WM-Spiele

Im Durchschnitt kamen pro Spiel **33.900** Zuschauer

Die zehn am besten besuchten Spiele:

Deutschland-Ungarn (Bern)	64.000 Zuschauer
Deutschland-Öster. (Basel)	58.000 Zuschauer
Deutschland-Ungarn (Basel)	56.000 Zuschauer
England-Schweiz (Bern)	50.000 Zuschauer
Ungarn-Brasilien (Bern)	50.000 Zuschauer
Italien-Schweiz (Lausanne)	47.500 Zuschauer
Brasilien-Jugosl. (Lausanne)	45.000 Zuschauer
Uruguay-Schottland (Basel)	43.000 Zuschauer
Uruguay-Ungarn (Lausanne)	43.000 Zuschauer
Öster.-Schweiz (Lausanne)	37.000 Zuschauer

Die fünf am schlechtesten besuchten Spiele:

Türkei - Südkorea (Genf)	4.000 Zuschauer
Deutschland - Türkei (Zürich)	17.000 Zuschauer
Mexiko - Brasilien (Genf)	18.000 Zuschauer
Ungarn - Südkorea (Zürich)	18.000 Zuschauer
Deutschland - Jugosl. (Genf)	20.000 Zuschauer

Die Zuschauerzahlen nach Spielorten:

BASEL

Fassungsvermögen:	56.000
Zuschauerschnitt:	39.700 (6 Spiele)
Stadionauslastung:	70,9 Prozent

BERN

Fassungsvermögen:	65.000
Zuschauerschnitt:	44.400 (5 Spiele)
Stadionauslastung:	68,3 Prozent

LAUSANNE

Fassungsvermögen:	55.000
Zuschauerschnitt:	39.900 (5 Spiele)
Stadionauslastung:	72,6 Prozent

ZÜRICH

Fassungsvermögen:	35.000
Zuschauerschnitt:	24.200 (5 Spiele)
Stadionauslastung:	69,1 Prozent

GENF

Fassungsvermögen:	40.000
Zuschauerschnitt:	17.250 (4 Spiele)
Stadionauslastung:	43,1 Prozent

In Lugano (Fassungsvermögen: 35.000) sahen 30.000 Zuschauer das Spiel Italien gegen Belgien

Alle Zahlen beruhen auf Angaben des *Sport*. Im offiziellen WM-Buch werden andere, vielfach weitaus niedrigere Zuschauerzahlen genannt.

Der Jubel der deutschen Schlachtenbummler über den 6:1- Erfolg gegen die Österreicher kennt keine Grenzen. Regen und Gedränge waren vergessen.

Die WM-Schiedsrichter in der Schweiz:

3 Spiele :
B. M. Griffiths (Wales)

2 Spiele:
W. Ling (England), P. Wyßling (Schweiz), V. Orlandini (Italien), I. Szolt (Ungarn), A. E. Ellis (England), C. E. Faultless (Schottland), E. Steiner (Österreich), R. Vincenti (Frankreich)

1 Spiel:
L. Francken (Belgien), V. da Costa (Portugal), E. Schmetzer (Deutschland), M. Asensi (Spanien), V. Stefanovic (Jugoslawien), E. Marino (Uruguay), A. Viana (Brasilien)

Bei der Weltmeisterschaft 1950 in Brasilien gehörten der Waliser Griffiths und der Engländer Ellis mit jeweils zwei Einsätzen ebenfalls zu den am häufigsten eingesetzten Unparteiischen. Ansonsten pfiff nur der Brasilianer Viana sowohl bei den Titelkämpfen 1950 als auch 1954, beide Male allerdings nur eine Begegnung.

Sie pfiffen das Endspiel. V. l. Orlandini (Italien), Referee Ling (England) und Griffiths (Wales). Im Vordergrund tauschen F. Walter und Puskas die Wimpel aus.

Die 16 WM - Teilnehmer in der Statistik

Land
WM-Endrunden-bilanz 1930-50

Letzte Resultate

UNGARN:
2 Teilnahmen (1934,1938)
Vize-Weltmeister 1938
6 Spiele
4 Siege, 2 Niederlagen
20:9 Tore

H	7:1	England
A	1:0	Österreich
A	2:0	Ägypten
A	3:0	Ägypten
A	6:3	England

URUGUAY:
2 Teilnahmen (1930,1950)
Weltmeister 1930, 1950
8 Spiele
7 Siege, 1 Unentschieden
30:8 Tore

A	3:3	Schweiz
H	1:4	Paraguay
H	2:1	England (in Lima)
A	0:1	Brasilien
A	6:0	Ecuador (Lima)

BRASILIEN:
4 Teilnahmen (1930, 1934,1938, 1950)
Vize-Weltmeister 1950
14 Spiele
8 Siege, 2 Unent., 4 Nied.
42:22 Tore

H	2:0	Kolumbien
H	4:1	Paraguay (Q)
H	1:0	Chile (Q)
A	1:0	Paraguay (Q)
A	2:0	Chile (Q)

ÖSTERREICH:
1Teilnahme (1934)
Vierter 1934
4 Spiele
2 Siege, 2 Niederlagen
7:7 Tore

H	5:0	Norwegen
H	2:0	Wales
H	0:1	Ungarn
A	0:0	Portugal
H	2:3	Ungarn

JUGOSLAWIEN:
2 Teilnahme (1930, 1950)
Halbfinalist 1930
6 Spiele
4 Siege, 2 Niederlagen
14:10 Tore

H	0:2	Belgien
H	1:0	England
A	1:0	Griechenl. (Q)
A	1:0	Israel (Q)
A	1:0	Israel (H)

DEUTSCHLAND:
2 Teilnahmen (1934,1938)
Dritter 1934
6 Spiele
3 Siege, 1 Unent., 2 Nied.
15:14 Tore

A	5:3	Schweiz
A	3:1	Saarland (Q)
H	5:1	Norwegen (Q)
H	3:1	Saarland (Q)
A	1:1	Norwegen (Q)

ENGLAND:
1 Teilnahme (1950)
In der 1. Rd. ausgeschied.
3 Spiele
1 Sieg, 2 Niederlagen
2:2 Tore

A	1:7	Ungarn
A	0:1	Jugoslawien
A	4:2	Schottl. (Q)
H	3:6	Ungarn
H	3:1	Nordirl. (Q)

SCHWEIZ:
3 Teilnahmen (1934, 1938, 1950)
Viertelfinalist 1934, 1938
8 Spiele
3 Siege, 2 Unent., 3 Nied.
13:15 Tore

H	3:1	Holland
H	3:3	Uruguay
H	3:5	Deutschland
H	2:2	Belgien
A	4:2	Frankreich

ITALIEN:
3 Teilnahmen (1934, 1938, 1950)
Weltmeister 1934, 1938
11 Spiele
9 Siege, 1 Unent., 1 Nied.
30:11 Tore

A	3:1	Frankreich
H	5:1	Ägypten (Q)
H	3:0	Tschechoslw.
A	2:1	Ägypten (Q)
H	0:3	Ungarn

FRANKREICH:
3 Teilnahmen (1930, 1934, 1938)
Viertelfinalist 1938
6 Spiele
2 Siege, 4 Niederlagen
10:10 Tore

A	3:3	Belgien
H	1:3	Italien
H	8:0	Luxemb. (Q)
H	1:0	Irland (Q)
H	2:4	Schweiz

BELGIEN:
3 Teilnahmen (1930, 1934, 1938)
In der 1. Rd. ausgeschied.
4 Spiele
4 Niederlagen
3:12 Tore

H	3:3	Frankreich
A	2:0	Jugoslawien
H	4:0	Holland
H	0:0	Portugal
A	2:2	Schweiz

TSCHECHOSLOWAKEI:
2 Teilnahmen (1934,1938)
Vize-Weltmeister 1934
7 Spiele
4 Siege, 1 Unent., 2 Nied.
14:9 Tore

A	0:3	Italien
H	0:0	Bulgarien (Q)
A	1:0	Rumänien (Q)
H	1:5	Ungarn
H	5:0	Schweiz

MEXIKO:
2 Teilnahmen (1930,1950)
In der 1. Rd. ausgeschied.
6 Spiele
6 Niederlagen
6:23 Tore

H	1:0	Kolumbien
H	2:3	El Salvador
H	4:0	Panama
H	4:0	Cuba
H	3:1	USA (Q)

SCHOTTLAND:
Keine Endrunde-Teiln.
(1950 verzichtet)

A	2:1	Finnland
A	1:1	Norwegen
H	1:0	Norwegen

TÜRKEI:
Keine Endrunden-Teiln.
(1950 verzichtet)

A	2:2	Spanien (Q)
H	1:0	Spanien (Q)
A	1:4	Spanien (Q)

SÜDKOREA:
Keine Endrunden-Teiln.

A	2:2	Japan (Q)
A	5:1	Japan (Q)

1-20 - nicht für den Verkauf bestimmt
21 - R. Becker, Unna
22 - F. Hansen, Kiel
23 - J. Bandemer, Petersberg
24 - J. Wery, Herzogenrath
25 - H.E. Kundisch, Senftenberg
26 - J. Radigk, Kassel
27 - G. Mäurer, Mönchengladbach
28 - V. Rudolph, Beeskow
29 - J. Menne, Warburg-Welda
30 - U. Haessner, Frankfurt
31 - E. Müller, Breidenbach
32 - G. Parwulski, Stendal
33 - M. Rudersdorf, Frankenberg
34 - R. Meier, Prenzlau
35 - W. Brune, Waren/Müritz
36 - D. Kubitzke, Eberswalde
37 - H. Bullermann, Liebenau
38 - W. Müller, Weinstadt
39 - F. Mickan, Bad Emstal
40 - W. Dieken, Ihlow/Ludwigsdorf
41 - M. Kreßel, Nürnberg
42 - K. Dornbusch, Willich
43 - A. Schnelle, Alfeld
44 - P. Leuchner, Pegnitz
45 - T. Hausmann, Bochum
46 - D. Haming, Beedenbostel
47 - W. Göhler, Schwedt
48 - E. Klier, Nürnberg
49 - B. Traub, Köln
50 - S. Derrez, Korschenbroich
51 - L. Küpper, Alsdorf
52 - T. Müller, Bergisch Gladbach
53 - R. Janke, Goslar
54 - K. Dinter, Leipzig
55 - F. Despang, Hannover
56 - H. Wiegmann, Bremen
57 - K.H. Rössler, Gifhorn
58 - P. Kubitzke, Eberswalde-Finow
59 - F. Steffens, Köln
60 - U. Koch, Vahlde
61 - F. Sanzenbacher, Unterweissach
62 - W. Stein, Wedel
63 - J. Roloff, Nettetal 1
64 - M. Menzner, Weitramsdorf
65 - T. & M. Kling, Bochum
66 - D. Diether, Ellern
67 - A. Bratkus, Eberswalde
68 - P. Heller, Wismar
69 - P. Weiland, Rodgau
70 - H. Lehmann, Wriezen
71 - W. Schnitker, Bad Bentheim
72 - F. Kunze, Leipzig
73 - M. Zimmermann, Marzahna
74 - R. Bielmeier, Regen
75 - U. Gerber, Weilheim
76 - R. Kessler, Murg
77 - M. Müller, Witten
78 - E. Hoppe, Brandenburg
79 - S. Müller, Oberkotzau
80 - G. Hohmann, Hausen
81 - R. Biallas, Magdeburg
82 - S. Henseler, Brühl
83 - J. Miska, Chemnitz
84 - C. Pechlivanidis, Köln
85 - T. Verhülsdonk, Kevelaer
86 - J. Nissen, Medelby
87 - K. Nowak, Dinslaken
88 - S. Drieschner, Dresden
89 - C. Doehn, Vallendar
90 - G. Woldt, Magdeburg
91 - P. Michael, Leipzig
92 - M. Scheu, Rutesheim
93 - M. Friedl, Zwiesel
94 - B. Nacke, Heilbad Heiligenstad
95 - T. Renner, Hürth
96 - R. Günther, Regis-Breitingen
97 - A. Schuster, Wetzlar
98 - U. Grimm, Behrensdorf
99 - R. Ebbinghaus, Köln
100 - K. Raschke, Wesseling
101 - H. Dolinsky, Fürth
102 - K. Dreschniol, Wedel
103 - D. Bohms, Schneeberg
104 - R. Söder, Berlin
105 - M. Moch, Radebeul
106 - B. Neltner, Stralsund
107 - K.H. Baumbach, Erfurt
108 - G. Becker, Halle
109 - H. Nüsser, Essen
110 - R. Kilian, Delmenhorst
111 - J. Krauße, Neuhaus
112 - A. Rullmann, Ortenberg 8
113 - L. Hüfner, Berlin
114 - M. Martina, Hamburg
115 - U. Heyden, Duckerow
116 - R. Friedrich, Waldheim
117 - E. Stahl, Bad Tölz
118 - S. Leisering, Hermsdorf
119 - M. Adami, Kelkheim
120 - T. Kaiser, Bad Schwalbach
121 - M. Timmler, Villingen-Schwenninge
122 - R. Bartkowiak, Berlin
123 - T. Braun, Walldorf
124 - P. Müller, Kuppenheim
125 - G. Rühl, Nürnberg
126 - G. Cramer, Frankenberg
127 - A. Feix, Halle
128 - H. Trübner, Guben
129 - F. Lohmann, Mönchengladbach
130 - B. Huschto, Priebus
131 - U. Hillmann, Waghäusel
132 - T. Radix, Schwerte
133 - H.H. Bauer, Ludwigsburg
134 - G. Sabinsky, Ampfing
135 - R. Schulz, Falkenstein
136 - G. Schick, Dresden
137 - M. Schultz, Bad Schmiedeberg
138 - T. Schultz, Bad Schmiedeberg
139 - F. Laurinat, Berlin
140 - D. Priezel, Magdeburg
141 - U. Tabbert, Berlin
142 - W. Dohnert, Magdeburg
143 - J. Waten jun., Hesel
144 - M. Zanger, Beselich
145 - G. Pommeranz, Oberhausen
146 - H. Gunkel, Otzberg
147 - B. Langkabel, Hohen Neuendorf
148 - W. Rodemann, Bergen
149 - G. Lichtinghagen, Hückeswagen
150 - W. Jung, Berlin
151 - A. Barthauer, Seckenstedt / Harz
152 - A. Wirsing-Kremer, Oftersheim
153 - K. Konarski, Berlin 46
154 - L. Schurer, Großaitingen - Hardt
155 - F. Neumann, Braunschweig
156 - H. Zimmer, Bad Camberg
157 - A. Marquardt, Frankfurt/Oder
158 - H. Rossol, Wolfsburg
159 - N. Kauk, Iserlohn
160 - W. Bülzebruck, Hamminkeln
161 - H. Gardemann, Geldern
162 - K.H. Winter, Leipzig
163 - W. Schöffler, Auerbach
164 - A. Großmann, Dortmund
165 - H. Buddecke, Kleve
166 - U. Bestfleisch, Herford
167 - K. Reichel, Chemnitz
168 - U. Weidlich, Werdau
169 - H. Koltermann, Köln
170 - R. Pfaff, Neugersdorf
171 - G. Arnold, Freudenstadt
172 - R. Kinnius, Spenge
173 - R. Manger, Frankfurt
174 - R. Pasternak, Castrop-Rauxel
175 - D. Kionsek, Apolda/Th.
176 - J. Kubo, Berlin
177 - H. Bülow, Brensbach
178 - S. Himmelseher, Braunschweig
179 - J. Tondera, Düsseldorf 12
180 - T. Schreiter, Chemnitz
181 - M. Bergsträßer, Seeheim-Jugenheim
182 - G. Schurr, Delbrück
183 - J. Ludwig, Zeitz
184 - H. Kaiser, Kahl
185 - P. Dahlenburg, Cottbus
186 - H. Seibold, Berchtesgaden
187 - T. Ollhoff, Weischlitz
188 - H. Rößler, Bischofswerda
189 - A. Heimscheid, Wuppertal
190 - C. Wetzel, München
191 - G. Sutthoff, Bramsche
192 - H.J. Mauckner, Gunzenhausen
193 - D. Heinemann, Göttingen
194 - A. Abt, Basel/Schweiz
195 - W. Staschkiewicz, Mülheim
196 - V. Gebhardt, Berlin
197 - F. Winter, Gerlingen
198 - R. Hoffmann, Overath
199 - K. Meyer, Kienberg
200 - B. Gude, Gössitz
201 - R. Sester, Kerpen
202 - B. Kummer, Berlin
203 - R. Schubert, Pressath
204 - G. Huchthausen, Braunschweig
205 - R. Klüber, Düsseldorf
206 - W. Hanke, Leisnig
207 - O. Schmidt, Großschönau
208 - J. Fiedler, Cuxhaven
209 - A. Busch, Pünderich
210 - D. Heins, Lübars
211 - U. Thienelt, Paderborn
212 - M. Skubich, Karlsruhe 1
213 - H. Schröder, Leipzig
214 - W. Dölker, Freudenstadt
215 - B. Stör, München
216 - H.K. Horbach, Würselen
217 - F.H. Volders, Boen
218 - H. Weinelt, Kahl
219 - U. Krüger, Kobbeln
220 - L. Bittermann, Erlangen
221 - H. Kupka, Salzgitter
222 - C. Büttner, Wächtersbach
223 - V. Stärkel, Berlin-Niederschönh.
224 - J. Kiefte, NE Nijmegen
225 - R. Platz, Howald
226 - H. Ruder, Lindow
227 - U. Scholz, Sehnde
228 - R. Schmitt, Cessingen
229 - H. Horn, Gotha
230 - R. Wielk, Lauterbach
231 - V. Reinhart, Berlin
232 - E. Huschke, Heilsbronn
233 - W. Schwemmler, Mühlheim
234 - B. Lindner, Lugau
235 - H. Rehn, Schraplau
236 - H. Hüttner, Feilitzsch
237 - M. Strerath, Neuss
238 - R. Kalbitz, Halle
239 - P. Herrmann, Berlin
240 - A. Scharnagl, Waldsassen
241 - R. Peulen, AG Venlo
242 - F. Gebhardt, Augsburg
243 - F. Reimann, Löhne
244 - W. Falk, Aulendorf
245 - K. Brinkmann, Bremen
246 - V. Gärtner, Cottbus
247 - R. Michael, Schwerin
248 - W. Link, Aken
249 - J. Muhtz, Neumünster
250 - G. Ellerhausen, Dortmund
251 - P. Guthendorff, München
252 - H. Knust, Lüdinghausen
253 - W. Schwahn, Schwieberdingen
254 - K. Thissen, Kerpen-Sintorf
255 - A. Schlosser, Maintal
256 - T. Hüller, Oelsnitz
257 - G. Lenz, Mannheim
258 - B. Oltmer, Bad Zwischenahn
259 - D. Kuball, Gladbeck
260 - H.W. Skupch, Königswinter
261 - G. Kugler, Oberndorf
262 - P. Maurischat, Feucht
263 - T. Braun, Lörrach
264 - B. Behre, Hamburg
265 - J. Maldonado, Leganes / MADRID
266 - H. Sornberger, Uedem
267 - M. Hoffmann, Heringen
268 - S. Hempel, Dresden
269 - O. Richter, Weißwasser
270 - W. Ecker, Pirmasens
271 - H.J. Koch, Hamburg
272 - H. Kromer, Rheinfelden
273 - L. Welkisch, Frankfurt
274 - W. Bär, Nörvenich
275 - H. Henze, Heusenstamm
276 - H.J. Gerber, Halle
277 - R. Faupel, Pfungstadt
278 - K.D. Schröder, Lübeck
279 - J. Wiedemann, Endingen 2
280 - E. Spiegel, Theilheim
281 - U. Rupp, Ruppertshofen
282 - W. Sicker, Ostrau
283 - P. Hampel, Augsburg
284 - U. Burchert, Berlin
285 - W. Neumann, Senftenberg
286 - D. Schall, Sinsheim
287 - G. Brandt, Halberstadt
288 - J.S. Lambor, Berlin
289 - G. Müller, Köln
290 - G. Benndorf, Kaiserslautern
291 - W. Zettler, Memmingen
292 - U. Bitsch, Bensheim
293 - H. Darsow, Rostock
294 - A. Markhauser, Schliersee 2
295 - T. Bartel, Berlin
296 - J. Scheller, Gimbsheim
297 - M. Lange, Bochum
298 - H. Schmitz, Düsseldorf
299 - M. Dunkel, Amesdorf
300 - U. Lindenberg, Berlin
301 - C. Schwarz, Borken
302 - R. Empen, Eckernförde
303 - W. Zitzen, Mönchengladbach
304 - H. Stummer, Wien
305 - K.D. Kaul, Dessau
306 - D. Fichter, Berlichingen
307 - H. Ibold, Berlin
308 - M. Höhnemann, Straubing
309 - D. Dressler, Neubrandenburg
310 - F. Adlung, Erfurt
311 - R. Wolf, Bamberg
312 - F. Schneider, St. Ingbert
313 - M. Schröter, Saßnitz
314 - R. Ostertag, Erfstadt / Lieblar
315 - E. Szöke, Bruck/Leitha
316 - H. Atze, Braunschweig
317 - H.J. Schüler, Papendorf/Pasewalk
318 - A. Hestermeyer, Georgsmarienhütte
319 - A. Sauerer, Hattersheim
320 - R. Meyer, Hude
321 - O. Zimmermann, Fuldabrück
322 - R. Tellkamp, Rellingen
323 - W. Schneeweiß, Mirow
324 - P. Hornbogen, Zeitz
325 - T. Haase, Berlin
326 - W. Schoofs, Weeze
327 - B. Schepers, Herne
328 - F. Kubitza, Heiligenhaus
329 - E. Lenz, Nentershausen
330 - H.J. Kukuk, Herne
331 - A. Deisinger, Hungen
332 - K.P. Niehaus, Lüdenscheid
333 - H. Schwennen, Emsbüren
334 - W. Rauser, Waldshut-Tiengen
335 - R. Erhart, Surberg
336 - R. Frank, Werdau
337 - G. Roßner, Wuppertal
338 - K. Behrend, Datteln
339 - A. Pflüger, Gammertingen
340 - G. Gijsbertsen, BE Azewijn
341 - J. Bonhuis, Borkum
342 - C. Beßler, Hermannsburg
343 - N. Jakobs, Geldern
344 - J. Boriss, Lübeck
345 - U.B. Jung, Düsseldorf
346 - T. Unger, Giesen
347 - G. Petri, Linsengericht
348 - R. Klein, Reutlingen
349 - F. Brüggendieck, Meinerzhagen
350 - E. Adomeit, Stralsund
351 - T. Woisetschläger, Ehningen
352 - O. Bussemer, Dornbirn

Subskribenten - Liste

353 - R. Lenz, Nettetal
354 - R. Jutzi, Fischbach
355 - J. Mahrla, Aschaffenburg
356 - M. Seifert, Kamenz
357 - H. Kaufmann, Dautphetal
358 - A. John, Falkensee
359 - T. Gramminger, Mannheim
360 - F. Riebling, Kahl
361 - H.J. Lenk, Schmalkalden
362 - R. Kamenz, Lieskau
363 - B. Tramm, Winsen
364 - L. Heintz, Speyer
365 - F. Exner, Grünefeld
366 - W. Thomas, Gundelfingen
367 - H. Schreck, Düsseldorf
368 - H. Winter, Ansbach
369 - H.D. Frey, Rottenburg
370 - H. Großhennig, Dresden
371 - P. Fuhrmann, Stuttgart
372 - A. Splittgerber, Gelsenkirchen
373 - T. Zachler, Edingen-Neckarhausen
374 - H. Eliewsky, Reutlingen
375 - R. Erdbrügger, Kirchlengern
376 - J.P. Barreau, Montegeron
377- R. Ziltener, Glarus
378 - M. Köber, Mulf.-Hollenbach
379 - W. Jensen, Gelting
380 - T. Thienel, Lastrup
381 - W. Ellinger, Schöningen
382 - M. Rienerth, Hagen
383 - B. Tumbrink, Wuppertal
384 - K. Prinz, Berlin
385 - L. Sàg, Bruxelles
386 - T. Gastauer, Losheim-Mitlosheim
387 - U. Mendler, Tannroda
388 - C. Stöckel, Idar-Oberstein
389 - F. Günther, Hösbach
390 - H. Contenius, Hannover
391 - H. Langheinrich, Neukirchen-Vluyn
392 - G. Stephan, Pritzwalk
393 - T. Lembcke, Stade
394 - B. Meyenberg, Warza
395 - J.P. Barreau, Montgeron
396 - R. Helken, Bremen
397 - W. Dittrich, Sigmartshausen
398 - F. Stahlhut, Hamburg
399 - K. Piering, Eich
400 - W. Holland, Nürnberg
401 - H. Lang, Holland
402 - J. Maldano, Madrid
403 - J. Koge, Hettstedt
404 - G. Schilder, Oettersdorf
405 - G. Christoph, Offenbach
406 - H. Wolbers, Halle / Westf.
407 - M. Kappelmeier, Geisenfeld
408 - S. Müller, Oberkotzau
409 - O. Zehe, Baunatal
410 - E. Szöke, Bruck/Leitha
411 - H. Wagner, Weißenbrunn
412 - H. Singer, Furth
413 - H. Feußner, Biedenkopf
414 - K. Zschäpe, Roitzsch
415 - R. Krebs, Coburg
416 - R. Mandel, Oberhausen
417 - A. Resch jun., Zwiesel
418 - J. Heger, Regensburg
419 - W. Raddatz, Heide
420 - J. Kleineschallau, Gütersloh 11
421 - F. Steinmeier, Detmold
422 - F. Kopf, Sulz
423 - N. Ellwanger, Holtrop
424 - M. Huth, Berlin
425 - D. Wellnitz, Eberswalde-Finow
426 - A. Krauß, Weil der Stadt
427 - G. Rühl, Nürnberg
428 - D. Teichgräber, Waldheim
429 - F. Lihs, Berlin
430 - A. Brombacher, Endingen
431 - M. Horn, Essen
432 - K.H. Pilz, Nauheim
433 - H. Brüstle, Oberkirch
434 - E. Volz, Gedern
435 - K. Sutter, Zweibrücken
436 - H. Maahs, Seibersbach
437 - K. Kahle, Mücheln
438 - N. Riemer, Berlin
439 - K.D. Arnold, Erfurt
440 - W. Bauer, Großsteinbach
441 - K. Brinkmann, Hemelte - Lastrup
442 - M. Lorentz, Leipzig
443 - K. Zimmermann, Neustadt
444 - C. Kurznierski, Hamm
445 - H. Fochtler, Duisburg
446 - U. Pawellek, Haar
447 - H. Schütze, Ebersberg
448 - R. Reischl, Zwickau
449 - S. Michaelis, Golmsdorf
450 - G. Gerbig, Bad König
451 - R. Nuschke, Lilienthal
452 - H.J. Fischer, Berlin
453 - H. Buchwald, Markneukirchen
454 - B. Viehmeyer, Marienfeld
455 - H. Kaprolat, Haar
456 - J. Schäfer, Bad Kissingen
457 - V. Stipp, Herford
458 - P. Lambrecht, Hamburg
459 - T. Mille, Neuwied
460 - M. Tschierschke, Berlin
461 - K. Kieback, Arnsdorf-Ruhland
462 - R. Herminghaus, Mettmann
463 - V. Fricke, Halberstadt
464 - W. Hochstetter, Bitterfeld
465 - W. Busch, Northeim 1
466 - W. Paech, Hohen Neuendorf
467 - M. Hoffmann, Schwerin
468 - U. Rauchheld, Lennestadt
469 - M. Groß, Düren
470 - P. Bonn, Bad Dürkheim
471 - T. Rommelsheim, Euskirchen
472 - A. Eibel, Oelsnitz
473 - M. Grill, Neusäß
474 - J. Petri, Albisheim
475 - J. Zwingler, Hohenkammer
476 - G. Gläser, Reichshof
477 - M. Büchmeier, Neuötting
478 - H.D. Breywisch, Duderstadt
479 - R. Stoth, Berlin
480 - W. Raschke, Amberg
481 - W. Schmidhuber, Mühldorf
482 - B. Blaschke, Dietenheim
483 - H. Schwell, Voerde
484 - W. Jatzek, Gerlingen
485 - P. Kupka, Delmenhorst
486 - M. Gedigk, Berlin
487 - F. Metten, Köln
488 - S. Kuhn, Pforzheim
489 - A. Bärsch, Neuendettelsau
490 - F. Wenzel, Bessenbach
491 - I.v.d. Berge, Dallgow / Döbernitz
492 - T. Scheible, Illingen
493 - Dt. Sporthochschule, Köln
494 - F. Jäger, Ilmenau
495 - N. Schenkel, Lippetal
496 - H. Zagler, Moedling
497 - . Stadt- u.Unibibliothek, Bern
498 - K. Söll, Langenbach
499 - S. Wagner, Trier
500 - H.J. Langer, Schwetzingen
501 - M. Schütze, Celle
502 - H. Schiffner, Berlin
503 - P. Thoennessen, Mönchengladbach
504 - G. Szelies, Dortmund
505 - J. Kröner, Ruppertsweiler
506 - K. Tugend, Berlin
507 - B. Dingemans, AM Den Haag
508 - W. Holland, Nürnberg
509 - W. Platthoff, Hamburg
510 - K. Böse, Gelsenkirchen
511 - J. Kandziora, Zehdenick
512 - E. Brinkrolf, Verl
513 - G. Waldhör, Linz
514 - J. Sachse, Staßfurt
515 - H. Grabowski, Essen
516 - K. Dreher, München
517 - A. Bohnhoff, Reinbek
518 - M. Padalsky, Gießen
519 - G. Wallmüller, Dortmund
520 - M. Wulf, Osterode
521 - H. Schmidt, Forchheim
522 - F. Tiemens, Oldenburg
523 - H.J. Kabelitz, Bocholt
524 - R. Matern, Köln
525 - M. Beyer, Bretten
526 - I. Steinke, Berlin
527 - J. Ilg, Freyung
528 - I. Becker, Weyhe
529 - K.H. Richter, Ilshofen
530 - H. Gerstenecker, Meßstetten
531 - L. Ernstberger, Pforzheim 11
532 - O. Tappe, Schönebeck
533 - W. Pfannenschwarz, Filderstadt
534 - B. Porth, Nauen
535 - H. Ferdinand, Düsseldorf
536 - V. Baacke, Kittelsthal
537 - V. Märtens, Gielde
538 - M. Wilbrand, Emmerich
539 - R. Wangemann, Kalletal
540 - J. Geu, Cramon
541 - T. Landgraf, Ingelheim
542 - J. Steiger, Kassel
543 - K. Bartlewski, Blumberg
544 - O. Rausch, Garching
545 - O. Rachuba, Bremervörde
546 - E. Reitmeier, Rosenheim
547 - N. Brauer, Neustadt-Glewe
548 - H. Jung, Sinn
549 - J. Schwarzenstein, Gardelegen
550 - F. Perßon, Hamburg
551 - H. Ende, Fichtenberg
552 - W. Harr, Fichtenberg
553 - H. Trimus, Fichtenberg
554 - U. Bechstedt, Marburg
555 - H.D. Bartsch, Gardelegen
556 - H.P. Kummer, Wermelskirchen
557 - A. Wallner, Villach
558 - J. Letzner, Chemnitz
559 - H. Maier, Rudolstadt
560 - E. Meier, Minden
561 - H. Lange, Berlin
562 - H. Immel, Marburg
563 - D. Klein, Weißwasser
564 - G. Stang, Mengersgereuth-Hämme
565 - H. Swientek, Duisburg
566 - P. Otter, Wildau
567 - E. Liebig, Bad Laasphe-Hesselb.
568 - R. Ziltener, Glarus
569 - T. Treml, Bodenmais
570 - J. Heinze, Spitzkunnersdorf
571 - F. Weresch, Oberstenfeld
572 - H. Schönleben, Hösbach
573 - T. Mantzouranis, Athens
574 - H. Wurzer, Winklern
575 - M. Thompson, Brühl
576 - R. Krüger, Bad Karlshafen
577 - H.D. Ehrlich, Springe
578 - R. Frey, Limburgerhof
579 - R. Herbst, Sulzbach-Rosenberg
580 - S. Bladeck, Glauchau
581 - J. Hermann, Liederbach
582 - R. Protz, Bomlitz
583 - P. Gutt, Adendorf
584 - H. Glößner, Spiesen-Elversberg
585 - M. Dreier, Salzgitter
586 - U. Patzler, Berlin
587 - C. Beckmann, Frankfurt / Oder
588 - H. Sauermann, Weilerswist
589 - K. Patalas, Duisburg 18
590 - M. Stoffers, Alt Mölln
591 - U. Bergs, Soltau
592 - R. Iseli, Richterswil
593 - T. Lempcke, Stade
594 - A. & L. Held, Groß-Zimmern
595 - K. Scholz, Thale
596 - A. Zettner, Nürnberg
597 - M. Schreier, Apetlon
598 - K. Kotschwar, Dinslaken
599 - R. Lacher, Ludwigshafen
600 - K. Schirpig, Potsdam